Celina Fioravanti

Uma Parcela de Deus

Orientações espirituais
para a educação dos filhos

EDITORA PENSAMENTO
São Paulo

Edição	Ano
2-3-4-5-6-7-8-9	96-97-98-99

EDITORA PENSAMENTO LTDA.
Rua Dr. Mário Vicente, 374 – 04270-000 – São Paulo, SP – Fone: 272-1399

Impresso em nossas oficinas gráficas.

Dedico este livro à minha avó materna,
Alcina da Conceição Mendes de Carvalho Guimarães,
e a seu esposo, meu padrinho, Moisés Mattar.
A Marcília Silvino Hardy e Raphael Hardy,
meus avós paternos.

Sumário

Introdução

Além de ter muitos "filhos espirituais", gerei dois filhos. Durante minhas duas esperas, trabalhei espiritualmente as potencialidades de meus meninos. Eu era muito nova e não tinha a experiência que tenho hoje; fazia tudo por intuição, agindo com amor, muito amor.

Os dois meninos, hoje homens, tornaram-se exatamente aquilo que eu pretendia com o trabalho que realizei mentalmente e com orações, no período de gestação. Depois, durante seu crescimento, pude atuar no nível espiritual para protegê-los, facilitar alguns de seus caminhos e dar-lhes apoio. Eles são rapazes que me dão muitas alegrias.

Na primeira gestação, com 25 anos, trabalhei espiritualmente meu filho com orações e visualizações. Ele era idealizado como um menino bonito e inteligente. Essas duas qualidades, eu as coloquei em primeiro lugar, pois, na minha juventude e no meu pouco conhecimento, achava que seriam as ideais. Ele nasceu exatamente como o mentalizava: um lindo menino louro, de olhos azuis. Sempre foi muito inteligente, aprendeu a ler com três anos. Como as minhas mentalizações não incluíram muitos valores espirituais, ele é meio desligado do que é espiritual, embora tenha sólidos valores morais.

Na segunda gestação, alguns anos depois, pratiquei ioga durante os nove meses e vivi uma calma excepcional pois, durante os meses de verão, fiquei morando numa chácara tranqüila. Como agora era mais velha, decidi trabalhar com apenas uma idéia: meu filho seria feliz. E realmente foi assim: esse rapaz desde criança é feliz, de bem com a vida, altamente espiritualizado. Apesar de não ter pensado nisso, ele também é bonito e inteligente.

Minhas experiências trouxeram-me a certeza, que eu adivinhava, de que um filho pode ter, já na gestação, apoio espiritual para o seu desenvolvimento harmônico. Sei também que ele deve ser criado independente, que sua vida é assunto dele e que não se deve interferir no seu destino.

Além das minhas vivências como mãe, aprendi mais, estudando muito, e agora tenho a convicção de que toda mãe gera um filho perfeito, à semelhança de Deus, e de que tem responsabilidade permanente sobre a sua educação e proteção espiritual. Uma mãe atenta pode fazer com que caminhos tortos se endireitem, pela força da fé.

Por isso, por saber que nunca se desiste de educar um filho, é que resolvi escrever sobre educação, esse tema tão polêmico. Eu gostaria que o livro fosse uma boa orientação para futuras mães, mas espero que seja também um reforço, com idéias para as mães que estão no meio do caminho e para aquelas que agora vêem os filhos educando seus netos. Sempre há tempo para ajudar e instruir um filho, mesmo que ele esteja afastado dos valores morais e espirituais que o realizarão como espírito imortal que é.

Primeira Parte

CONHECIMENTOS BÁSICOS

Como vamos tratar da educação mais sob o aspecto da espiritualidade, achamos importante incluir uma pequena base de conhecimentos espirituais para aqueles que ainda não estão familiarizados com esses temas. São assuntos ligados às verdades espirituais, que consideram a existência dos espíritos como um fato real, acreditando que um espírito tem muitas vidas com um corpo material.

Embora tudo o que escrevemos esteja dentro da chamada doutrina espírita, este não é um livro para ser lido apenas por aquelas pessoas que possuem como religião o espiritismo. Tentamos fazer com que seja um esclarecimento a mais para quem tem qualquer outra religião e acredita no mundo espiritual.

Desde que começamos a incluir os temas espirituais em nossos cursos, temos observado que a maioria dos alunos não são espíritas. Em geral, até professam outras crenças, incluindo algumas que não aceitam a reencarnação como verdade.

Vidas sucessivas

Espírito é uma entidade cuja existência é real. Os espíritos podem ser contatados até com certa facilidade, por médiuns. Muitas vezes os espíritos passam períodos na Terra, onde tomam uma forma material. Durante essas fases, diz-se que o espírito está encarnado, isto é, que tem um corpo carnal, além de seu corpo espiritual. O corpo espiritual de um homem também é chamado de alma.

O objetivo dos espíritos é evoluir, atingindo a perfeição. Cada espírito que encarna está numa fase de evolução totalmente individual, sendo essa a razão pela qual dois filhos nunca são iguais em tendências e comportamentos, ainda que educados da mesma maneira, pelos mesmos pais.

As razões pelas quais um espírito toma um corpo material, isto é, encarna, são várias, mas quase todas se encaixam em duas categorias: encarnação expiatória e encarnação missionária.

A *encarnação expiatória* acontece quando o espírito, usando de sua liberdade para fazê-lo ou por indicação de seus mentores espirituais, assume um corpo carnal para resgatar erros passados através de uma vida com dificuldades. As dificuldades podem ser escolhidas voluntariamente antes da encarnação, e destinam-se a propiciar aprendizados num determinado campo no qual o espírito falhou anteriormente. O espírito passa por situações em que deve mostrar sua vontade de não fugir às responsabilidades difíceis que tem que enfrentar. Ele está sendo testado ou provado e, por isso, essas dificuldades são chamadas de provações. Por exemplo, um espírito, numa vida passada, foi incapaz de exercer a caridade. Ele pode escolher uma encarnação em que venha a passar por situações nas quais a caridade seja a tônica, como até mesmo o ter que viver toda uma vida de privações, sobrevivendo à custa da caridade de seus semelhantes.

A *encarnação missionária* acontece para espíritos um pouco mais evoluídos, que trazem das vidas passadas um avanço espiritual consistente. Essas encarnações não são mais fáceis que as expiatórias, pois exigem do espírito um trabalho exaustivo, ainda que suas condições materiais sejam um pouco mais suaves, na maior parte das vezes. O espírito com uma encarnação missionária tem a obrigação de fazer muito por seus semelhantes, realizando assim um progresso espiritual excepcional.

Alguns espíritos, dispostos a evoluir rapidamente, recebem autorização, no mundo espiritual, para assumir uma encarnação com expiação e missão ao mesmo tempo.

Existe ainda um terceiro tipo de encarnação. Ela não tem características expiatórias, mas missionárias. Contudo, é uma missão assumida por espíritos já perfeitos, que não teriam mais necessidade de encarnar para evoluir. Estes assumem uma *encarnação voluntária*, motivada pelo amor à humanidade. São homens iluminados e muito valorosos, que ajudam sempre aqueles com os quais têm contato, tornando-os mais conscientes da necessidade de crescer em espírito. Geralmente esses espíritos trabalham para ajudar o semelhante, ensinando-o a nunca perder uma oportunidade de melhorar como entidade espiritual. Esses espíritos podem ter outras finalidades em seu trabalho missionário, como promover a cura física (caso dos médicos, por exemplo), alegrar a vida de outras pessoas, aliviando sua carga (caso dos comediantes), dar inspiração criativa (caso dos professores) ou trazer a beleza para a vida (caso dos artistas).

É claro que apenas numa vida um espírito não poderia realizar uma evolução completa, tornando-se perfeito. Essa é a razão pela qual o espírito tem muitas vidas sucessivas. Ele vai, em cada vida, melhorando algum aspecto da sua constituição, retirando o que é espiritualmente negativo e aprendendo a preencher a alma com valores positivos.

A mãe que está gerando um filho não pode ter nenhuma idéia de qual é o nível evolutivo do ser que está abrigando. Depois que o filho nasce, a mãe atenta e interessada começa aos poucos a perceber, pelos comportamentos da criança, qual é o tipo de encarnação que ela traz. Avaliando as boas qualidades inatas que o filho apresenta, ela poderá sentir se é um espírito com maior ou menor grau de evolução.

Não há nenhuma diferença em criar um filho com maior ou menor evolução espiritual. Ambos necessitam de coisas que toda mãe, já desde a gestação, deveria estar tornando-se apta a fornecer: amor, dedicação e vontade de contribuir, nos primeiros anos de vida, com as adequadas condições materiais de sobrevivência do filho.

Há a tendência, atualmente observada, de que, entre os espíritos que encarnam numa família, algum seja mais evoluído que seus genitores, acelerando as tendências evolutivas da família, com as qualidades inatas bem desenvolvidas que apresenta. Ainda assim, esse espírito necessita de abrigo e amor para chegar à fase adulta, quando, só então, seus potenciais poderão expressar-se livremente.

Quando encarna, um espírito esquece suas vidas passadas e os motivos pelos quais encarnou. Assim sendo, ele poderá evoluir ou não numa existência. Tudo dependerá do modo como é educado e exerce seu livre-arbítrio. De qualquer forma, não haverá involução, isto é, ele não regredirá, caso não possa realizar algum crescimento, numa determinada vida. O espírito que perde a oportunidade evolutiva que uma encarnação significa pode precisar de um tempo bastante longo até obter autorização, no mundo espiritual, para encarnar de novo.

Nenhuma mãe deseja que seu filho não possa evoluir; por isso, tudo o que ela fizer para acelerar o crescimento espiritual do filho será para ele de grande valor.

Aspectos espirituais da educação

Quando uma criança nasce, ela é temporariamente dependente de seus pais. O ser humano parece ser a espécie que cuida por mais tempo de seus filhos, um tempo, por vezes, excessivamente longo. A razão disso está na sociedade que o homem estabeleceu e nos processos que essa sociedade criou para se sustentar.

Um rapaz ou uma moça precisa ter um corpo e uma mente em condições adequadas para poder considerar-se independente e produtivo. Essa preparação leva muitos anos para acontecer, e é por isso que a convivência da família humana se prolonga, dando condições para que o filho seja bem preparado.

A proximidade entre pais e filhos perdura por toda uma existência, podendo ser positiva, mas trazendo aspectos negativos quando não há atenção dos pais quanto à liberdade do filho em escolher seu caminho. É importante que os pais percebam, em primeiro lugar, que o filho tem um projeto evolutivo traçado para ele ainda no mundo espiritual, antes de reencarnar. Em segundo lugar, que ele poderá ou não seguir as metas estabelecidas, pois tem o livre-arbítrio para isso, mas que as alterações do seu destino só podem ser efetuadas por ele mesmo. Nenhum pai ou mãe tem o direito de tomar decisões importantes, que vão modificar uma vida, pelo filho.

Como seriam vistas as correções da conduta moral da criança, do ponto de vista espiritual? Essas constituem, sim, uma obrigação dos pais. Ensinar valores morais e espirituais ao filho é a tarefa que cabe aos pais. Esse trabalho pode ser mais ou menos fácil, dependendo do estágio evolutivo do espírito que o filho abriga. Quando uma mãe acha que está muito difícil educar um filho, deve se lembrar de que o mundo espiritual dá a cada ser uma tarefa na medida exata do que ele pode executar. Desse ponto de vista, a missão materna nunca está além da capacidade da mãe.

A maternidade contém sempre aspectos missionários, mas poderá também ter aspectos expiatórios, que é o que acontece quando um filho causa muito sofrimento à mãe. Nos dois casos, o resultado final, para o espírito da mãe, é muito crescimento. Assim é, da mesma forma, para o pai.

Quando o espírito encarna, passa alguns anos limitado pelo seu corpo, que ainda está se desenvolvendo, e pela mente, que ainda está se adestrando. Nessa fase, ele pode receber as melhores informações dos pais. Na fase seguinte, as mesmas instruções terão pouco efeito, pois ele já terá uma personalidade definida e buscará sozinho o que deseja aprender.

Os filhos, quando crianças, ouvem muito seus pais, a quem atribuem a perfeição. Mais tarde, seus ídolos serão outros, havendo dificuldade para que os pais interfiram no seu pensamento. É muito importante que a mãe, por estar mais próxima da criança, aproveite os primeiros anos para ter muitas conversas instrutivas e para corrigir desvios de conduta bem cedo, antes que sua ação seja tolhida pela chegada da adolescência.

Se o pai e a mãe deixam de dar atenção à educação espiritual do filho, uma avó ou avô interessado poderá fazer isso. Basta agir com diplomacia, sem tirar a autoridade dos pais, conversando e esclarecendo a criança acerca das verdades morais e espirituais que reforçarão seu espírito. Isso aconteceu comigo, pois meus pais eram ateus. Minha avó materna foi quem me ensinou o que era a fé. Ela fez isso apenas através do exemplo, sem nunca contrariar, com uma palavra sequer, o que meus pais diziam. Com ela aprendi que Deus existe, que nos ama e que nos ampara sempre, pois ouvia suas preces e acompanhava-a à igreja.

Na infância, a criança é pura, e é fácil de perceber, nela, a perfeição espiritual ideal. Ela é doce, carinhosa, quer fazer tudo certo e está disposta a melhorar. Toda criança pequenina fica muito triste quando faz alguma coisa errada. Acontece que essa perfeição manifestada na infância não corresponde à realidade do espírito que a criança abriga.

Na fase da adolescência, as deficiências espirituais existentes afloram e o jovem começa a mostrar sua real condição espiritual. Pais atentos poderão perceber, nessa época, tudo o que é necessário melhorar, deixando bem claro ao filho quais serão as correções que ele, como adulto, terá que fazer na sua personalidade. A adolescência não é mais hora de ensinar; é um período mais adequado ao esclarecimento e apoio. Essa fase, se bem conduzida, passa naturalmente. Se a educação infantil foi negligenciada, esta é uma época duríssima para os pais, que pagarão por haverem perdido o tempo que tiveram para educar o filho na infância.

Na fase adulta, os mesmos defeitos existirão, mas estarão camuflados por um comportamento social aceitável. As correções nessa época acontecem mais promovidas por uma vontade interior, que parte do próprio indivíduo. A evolução espiritual, nessa fase da vida, é sólida e não tem limites para ocorrer, mas ela só existirá quando antes houve o exemplo dos pais e o alerta deles para os pontos fracos da alma do filho.

Resumindo, a educação espiritual é feita pelo exemplo e pela correção dos pontos que a mãe considera deficientes na alma do filho.

Na infância, a criança reflete a perfeição ideal do seu espírito. Na adolescência, irá demonstrar com clareza quais são suas falhas morais e espirituais. Na fase adulta, o homem passa a ter a responsabilidade pessoal pela correção das falhas inatas que ainda estejam precisando ser feitas, podendo ser ajudado a percebê-las pelos pais, caso não o faça espontaneamente.

Durante todas as fases de sua educação, o homem necessita dos pais, mas é a mãe, por sua condição feminina de doçura e paciência, quem poderá manter sempre acesa a ligação com os filhos, fazendo na hora certa as advertências que eles precisam ouvir, tenham a idade que tiverem.

As famílias espirituais e as famílias carnais

Vimos que nascer é, para um espírito, voltar a ter um corpo carnal. Para ter esse corpo carnal, um espírito necessita de pai e mãe. Os pais são, portanto, do ponto de vista material, apenas os geradores físicos do homem. Um espírito não se origina de outro espírito e por isso não tem pai nem mãe.

A semelhança física entre parentes é originada pela ligação genética. Por sua vez, a semelhança moral, apresentada por alguns membros da mesma família, tem sua razão na semelhança dos estágios evolutivos de seus espíritos, o que faz com que eles se pareçam no comportamento e no modo de pensar. O mesmo se dá com as diferenças chocantes entre pais e filhos: trata-se de espíritos com graus de evolução muito diferentes.

Existem laços que aproximam, por algumas vidas seguidas, espíritos afins, mantendo-os unidos. Essas afinidades podem perdurar por várias reencarnações, porque existem entre certos espíritos muitos objetivos e simpatias comuns. Não é o mesmo o que acontece nas encarnações em que espíritos com elos cármicos encarnam numa mesma família para resgatar assuntos mal-resolvidos no passado.

As chamadas famílias espirituais agrupam espíritos afins que criam entre si elos fortes, voltando a se encontrar em muitas existências carnais e também mantendo proximidade no mundo espiritual, quando desencarnados. Há, durante o período em que o espírito está sem um corpo, no mundo espiritual, a possibilidade de se desenvolver e trabalhar, como existe aqui na Terra. Durante esses períodos, em que o espírito está sem um corpo físico, ele pode ficar ligado a um grupo que volta a se reunir entre as reencarnações, sendo chamado esse agrupamento de família espiritual.

Numa família, é possível que as pessoas dotadas de espíritos com essa afinidade se reconheçam umas às outras, sentindo uma ligação maior do que com os outros membros da família. Os espíritos afins, na vida carnal, se sentem bem na companhia um do outro, quase nunca divergem em pensamentos e objetivos, sabem trabalhar pelo crescimento mútuo, ajudam a manter em harmonia o lar.

O fato de existir entre duas pessoas da mesma família carnal uma união espiritual estreita não significa, porém, que elas se amem mais do que amam às outras. Essa é a grande maravilha do amor, que permite existir esse sentimento entre pessoas sem semelhança espiritual. Para dar um exemplo: uma mãe pode ter vários filhos e, entre estes, haver algum com o qual tem uma afinidade espiritual maior, pois mãe e filho já viveram juntos muitas vezes. Essa mãe pode sentir mais facilidade para educar e conviver com esse filho, mas isso não quer dizer, absolutamente, que ela o ame mais do que os outros filhos pelos quais está encarregada de zelar. Afinidade não determina necessariamente amor.

Um espírito evoluído tem o livre-arbítrio para escolher seus pais, se assim o desejar. Quando o espírito é menos evoluído, sua encarnação é controlada para que possa nascer numa família que lhe dê condições de crescimento espiritual. Por esse motivo, os pais não podem exercer controle sobre o espírito que irão atrair, a não ser em situações de grande merecimento, em que Deus atende às preces de pais moralmente valorosos, por motivo justo.

Como não escolhe o filho, a mãe deve saber que o filho lhe foi enviado por Deus e que, provavelmente, foi ele quem a escolheu antes de encarnar. Certamente o espírito do filho veio para receber na família as lições de que necessitava, cabendo à mãe que tem essa consciência fazer um grande esforço para estar à altura da tarefa a realizar.

Pais que estão desligados da importância que a família tem para seus filhos, criando um lar no qual há discórdia e desarmonia, estão preparando para si mesmos muitos problemas futuros. A criança que vive numa casa onde existem brigas, desatenção e falta de respeito entre os pais está perdendo a oportunidade de ser moldada na infância, e isso, certamente, trará muitas conseqüências nas atitudes que ela manifestará na adolescência e na fase adulta.

O egoísmo é o mal das famílias desunidas. Nessas, cada qual busca sua satisfação pessoal, sem ceder espaço para os desejos dos familiares. É o pai que gasta na rua o dinheiro que deveria trazer para casa, é a mãe que, por preguiça, se descuida da alimentação e do estudo dos filhos. Mais tarde, esses pais irão lamentar muito, dizendo não entender as atitudes egoístas dos filhos, que dão pouca atenção ao pai e à mãe, que "sempre viveram para a família".

Quando um moço e uma moça casam, devem ter em mente que estão dando início a uma família, que é algo maior do que o amor que os une. Antes de gerar um filho, esse casal precisa estar consciente de que suas responsabilidades sobre esse filho serão muitas e de que qualquer falha acontecida é um impedimento à sua própria evolução em espírito.

O esquecimento das vidas passadas

Ao reencarnar, o espírito esquece os objetivos que tem na nova vida e tudo o que está ligado às vidas anteriores. Seu inconsciente retém algumas informações, que às vezes afloram espontaneamente. Essas lembranças são chamadas de idéias inatas. É possível, através do estímulo e do desenvolvimento das faculdades mediúnicas, ativar essas recordações. Há, contudo, pouca vantagem em perder energia mental com essa atividade, pois tudo o que é importante para o espírito saber de seu passado virá naturalmente à sua consciência no momento adequado. Ao desencarnar, a consciência plena é retomada.

Em cada reencarnação o espírito traz uma maior facilidade para estabelecer uma diferença entre o bem e o mal, mas existem várias razões para que o espírito perca suas lembranças das existências anteriores. É interessante para as mães saberem por que seu filho, ao nascer, não vai lembrar-se das vidas passadas.

Todo espírito é dotado da capacidade de agir livremente, sempre; essa liberdade é respeitada por Deus e chama-se livre-arbítrio. Conhecer destinações e tarefas que estão reservadas desde antes da encarnação pode interferir na manifestação de livre-arbítrio que o espírito tem, pois ele pode realizar ou não sua expiação ou missão na Terra.

Se um espírito tivesse a memória abastecida dos erros que cometeu em outras vidas, saberia que na existência presente sua tarefa deve ser muito difícil, pois há muito aprimoramento a realizar. O tamanho da tarefa a empreender poderia fazê-lo perder a coragem, desanimando-o antes de começar.

A esperança ajuda a passar pelas dificuldades, pois a idéia de que logo o problema será resolvido dá forças para enfrentar as adversidades. Desconhecer um passado cheio de erros ajuda a manter a esperança viva no coração de quem ainda tem muitos erros a expiar.

Se um espírito soubesse desde cedo que sua encarnação seria dura, cheia de problemas, poderia optar, como homem, por ficar estacionado, sem nem sequer tentar realizar a tarefa escolhida antes de encarnar. Da mesma forma, um espírito mais evoluído, que vem com uma missão para a qual terá condições materiais muito favoráveis, deixaria de lutar, acomodando-se numa vida confortável e perdendo um tempo precioso para a realização daquilo que é sua destinação.

Devemos também considerar que o esquecimento é um teste para que o espírito demonstre sua firmeza de objetivos, seguindo firme e reto até que a execução de suas tarefas espirituais esteja concretizada.

Um homem que, numa vida anterior, foi moralmente falho poderia sentir vergonha do que fez anteriormente, caso mantivesse a memória das vidas passadas, carregando, na vida presente, um sentimento de inferioridade perante os outros seres. Sentindo-se humilhado, haveria para ele muita dor, o que é totalmente inútil, tanto em termos de evolução como de expiação. Da mesma maneira, aquele que é um espírito de altíssimo grau evolutivo poderia cair no erro de se orgulhar, manifestando em seus atos e pensamentos um sentimento de superioridade em relação aos semelhantes, o que só lhe faria mal, pois o orgulho é um sentimento negativo que lesa a alma.

Como um espírito se prepara para reencarnar

Ao desencarnar, o espírito permanece algum tempo realizando sua evolução no mundo espiritual, onde lhe são designadas missões e trabalhos para que possa continuar seu crescimento. Terminada sua tarefa nesse mundo, ele sente que é hora de encarnar novamente. Se o espírito é muito atrasado, precisa que outros espíritos, responsáveis pelo seu crescimento na esfera espiritual, tomem por ele providências para que a reencarnação se efetive.

O espírito de certo discernimento planeja sua vida futura, fazendo a análise do que precisa aprender ou realizar, bem como quais as provações pelas quais passará. Se ele tiver que possuir no corpo uma imperfeição, também pode fazer essa opção antes de encarnar. Por isso, quando uma criança está sendo gerada, já existe um espírito que está destinado a ela.

Depois de estabelecer suas metas para a encarnação futura, o espírito as fixa em seu inconsciente, para poder manter entre suas idéias inatas uma recordação que o impulsione no rumo certo, durante a vida na Terra. Os dons adquiridos nas vidas passadas também estarão abastecendo o inconsciente.

Deus mantém o controle final sobre a união do espírito com um corpo, nada acontece sem a sua autorização. Sua influência é maior quando um espírito, devido à sua pouca evolução, não tem condições de sequer resolver qual é o seu objetivo na encarnação. A esses espíritos é designada uma vida e uma família com possibilidades de ajudar em tudo o que precisam.

Para ir até seu futuro corpo material, o espírito pode contar com a ajuda dos espíritos que formam sua família espiritual, que o ajudam nesse momento delicado, com amparo e estímulo.

Algumas fontes dizem que é difícil para o espírito essa fase, que ele passa por algumas angústias e sofrimentos, o que constitui uma razão para que a mãe esteja atenta e transmita ao filho que está em seu ventre muitos fluidos positivos, desde o princípio da gestação. A paciência e a tranqüilidade da mãe aliviam a ansiedade do espírito que está se unindo ao corpo do seu filho.

Ao se ligar ao feto, o espírito entra numa espécie de entorpecimento, no qual aos poucos vai perdendo a memória. A união do espírito com o corpo principia já no instante da concepção, mas não é instantânea. O espírito e o corpo vão-se unindo num processo gradual, através de um ajuste lento, que só estará completo na hora do nascimento.

Se um espírito desiste da tarefa antes que a gestação esteja concluída, por medo de enfrentar o desconhecido, os laços entre o espírito e o corpo, ainda fracos, se rompem e acontece o chamado aborto espontâneo. No entanto, nem todos os abortos espontâneos acontecem dessa forma – a maioria deles acontece por malformação orgânica, e o espírito tem logo em seguida a oportunidade de reencarnar, às vezes até com os mesmos pais. Podemos concluir que toda criança, ao nascer, traz em si um espírito, pois uma vida não se completa sem essa presença.

No aborto espontâneo, que acontece por desistência do espírito, haverá dificuldades para que esse espírito torne a receber a oportunidade de reencarnar, passando por provações e instruções no mundo espiritual, de modo a recuperar a oportunidade que desprezou.

O aborto espontâneo devido à má constituição orgânica tem a função espiritual de realizar uma provação para os pais, e é praticamente sem problemas para o espírito que deixou de encarnar.

O aborto provocado

A questão do aborto provocado é das mais graves, pois suas implicações espirituais são muito sérias. Tirar uma criança do ventre que a gerou é uma decisão que está contra as leis divinas. A mulher e o homem que participam desse crime devem seguir por várias existências com marcas negativas em seu espírito. Esse erro leva muitas existências de sofrimento para ser reparado.

Sempre que um espírito executa um ato negativo, cria na sua alma certas marcas, que poderiam ser, para melhor entendimento, consideradas equivalentes às feridas de um corpo físico. Essas marcas, o espírito as mantém depois que desencarna, ficando também no corpo perispiritual, que une corpo e espírito, lesões semelhantes. Mais tarde, ao reencarnar, o espírito trará para sua nova existência tais marcas. O corpo físico apresentará fragilidade nos lugares em que há uma correspondência das lesões no corpo perispiritual e espiritual. Por esse motivo, todo aquele que causa a morte de um semelhante, em vidas posteriores sofre de doenças graves nos lugares em que feriu de morte o outro ser.

A mãe que aborta espontaneamente fica debilitada, pois seu corpo sofre um choque, mas, como ela não tem culpa, logo se refaz e volta a viver bem. Aquela que é conivente com a morte de seu filho participa de um crime e, além de levar muito tempo para se restaurar fisicamente, ataca sua alma com uma das piores agressões que lhe poderia causar.

Quando se elimina um feto, sempre há junto com ele um espírito em processo de adaptação para reencarnar. Esse espírito preparou-se para uma nova existência carnal, às vezes por muito tempo e, no momento do aborto, está num estado semivegetativo, aguardando que sua ligação com o corpo da criança seja completada. O choque do aborto provocado é trágico para esse espírito, pois irá encontrá-lo sem condições de compreender o que está acontecendo. Um espírito assim atacado leva muito tempo para se recompor, passando por um sofrimento incalculável.

Com o tempo e a assistência que receberá do mundo espiritual, esse espírito volta a ter condições plenas de retomar a evolução. Se é um espírito evoluído, ele perdoa os responsáveis pela sua experiência dolorosa, preparando-se para uma outra oportunidade de reencarnar.

Acontece que nem todos os espíritos abortados são evoluídos. Entre esses há muitos espíritos atrasados, que guardam profunda revolta pelo que lhes aconteceu e se transformam em inimigos espirituais daqueles a quem devem o sofrimento experimentado na ocasião do aborto. Esses espíritos, em vez de perdoar e buscar outro rumo para crescer, dedicam-se por muito tempo a perseguir os que consideram seus inimigos, causando-lhes toda sorte de desgraças. Essa é a explicação para problemas posteriores na vida dos que participaram de um aborto, tais como assédios e obsessões espirituais, dificuldades materiais de toda sorte, infelicidade na vida familiar, tendência ao suicídio e à depressão doentia, separações ou dificuldades com os outros filhos que tenham.

Há tantas maneiras de se evitar uma gravidez que é impossível entender que, por um momento de descuido, a pessoa venha a se tornar um criminoso mais tarde. Se houve o descuido, que se assuma a responsabilidade pelo ato. A culpa de abortar um filho é uma chaga na alma, grave demais para quem deseja crescer espiritualmente. Até nessa questão, que está ainda no futuro para quem educa filhos pequenos, os pais têm responsabilidade, pois faz parte da educação que dão aos filhos ensiná-los a evitar a gravidez antes da hora em que a criança gerada possa ser corretamente recebida.

As ligações difíceis entre pais e filhos

Nem todos os filhos nascem para trazer a seus pais só momentos bons. Existem as chamadas ligações cármicas, nas quais os espíritos trazem assuntos de vidas passadas a resolver. Essas relações familiares são complicadas e trazem sempre um aprendizado que se realiza com algum sofrimento.

O carma é a lei segundo a qual o espírito colhe os resultados daquilo que realizou em vidas passadas; por isso, muitos a chamam de lei de causa e efeito, ou de lei da justiça. Essa lei não deve ser compreendida como uma forma que a religião encontrou para induzir os homens à prática do que é moralmente correto, uma vez que o bem será premiado com o bem e o mal é, no futuro, compensado com o mal. Vista assim, a lei do carma se tornaria apenas uma forma de controle das classes sociais menos favorecidas, tornando-as acomodadas a um destino difícil.

O carma precisa ser compreendido mais amplamente, como uma oportunidade de aprender o que é positivo para a alma e que produz condições para elevá-la. O carma é sempre uma lição a ser vivida, cuja instrução tem como resultado o crescimento espiritual. Geralmente essa lição encerra dificuldades, mas estas não devem ser vistas como castigo, e sim como uma chance de resgate final, aprendendo a lição e libertando o espírito para outros ensinamentos de maior valor.

Pais e filhos que possuem elos cármicos têm, em princípio, dificuldades de relacionamento. A mãe que tem um assim chamado filho cármico não deveria lamentar-se dessa condição. Ela tem uma oportunidade diária de se aperfeiçoar, vivendo a situação como um aprendizado contínuo. Essa realização só se concretiza quando há paciência, vontade de corrigir e um constante não-conformismo. A arma usada para enfrentar os problemas é apenas uma: o amor. Só que a dose de amor tem que ser imensa, oferecida diariamente, com muita persistência e sinceridade, pois é pela constante afirmação do amor que esse tipo de problema é afastado da vida familiar.

Enquanto a criança é pequena, se há uma situação cármica, ela apresenta muitos sintomas físicos indefinidos ou de difícil solução, podendo não haver cura. As manifestações mais comuns são as doenças respiratórias, que já sabemos que são de origem espiritual, principalmente as alérgicas. Durante essa fase, o filho cármico dá muito trabalho físico aos pais, atrapalhando o repouso e desgastando fisicamente a mãe, pois precisa de constante atenção. Nesse período do desenvolvimento, o pequeno precisa de muito amor, evitando qualquer manifestação de rejeição ou impaciência com os problemas que ele está trazendo.

Na adolescência, o filho cármico é de difícil trato, mas não é pela desculpa de que a situação tem origem num carma que os pais vão aceitar comportamentos inadequados, desobediência e falta de respeito, passivamente. A reação e as medidas tomadas com um filho cármico são as mesmas que com aquele que não o é. A única diferença está na compreensão daquilo que dá origem ao problema – no restante é o mesmo. Firmeza nas ações, afirmação constante do amor, exigências e correção do que está errado. O adolescente experimenta seus limites com atitudes rebeldes – na verdade ele quer que os pais tenham esses limites bem definidos. É por isso que perde pontos o pai ou a mãe que vacila, voltando atrás em decisões que sabe serem as melhores para o filho, cedendo às pressões que ele faz. Essas pressões são, na verdade, testes do adolescente para estabelecer seus limites com os pais. Pais que cedem constantemente expandem os limites do jovem a um ponto perigoso, no qual ele encontra poucos obstáculos ao que é errado e nocivo.

Na fase adulta, quando cessam as perturbações fortes da adolescência, há muitas oportunidades para se resgatar o carma, conversando e aprendendo juntos. Se a mãe percebe que errou numa vida passada, ou até mesmo na vida presente, terá ocasião para pedir perdão ao filho pela ofensa feita. Esse pedido de perdão, repetido em orações diárias, realiza milagres, afastando o pior carma. Muitas vezes não é possível o pedido de perdão a viva voz, mas em orações ele sempre poderá ser feito.

Deus não dá a seus filhos, como herança, apenas a dor. Sempre acreditei que o objetivo da vida do homem é ser feliz em todas as suas existências, uma vez que esteja se esforçando por crescer espiritualmente. Os pais que assumem de coração um filho cármico haverão de viver com ele muitas felicidades, nesta mesma vida, pois eliminarão, juntos, aquilo que poderia ser obstáculo ao amor que sentem um pelo outro.

Segunda Parte
A ESCOLHIDA

A mulher que foi abençoada com a missão da maternidade é especial, pois cabe a ela acolher em suas entranhas um pequeno Deus. Nós, seres humanos, somos feitos à imagem e semelhança de Deus. Nós, seres humanos, somos pequenas parcelas de Deus.

A maternidade é uma missão lindíssima, nada tem no mundo precedência ou importância maior na vida de uma mulher. Desde o primeiro momento em que a mulher se sabe grávida, ela precisa estar à altura da grande tarefa que tem pela vida toda, pois a missão da maternidade não tem fim.

A estrutura moral de um homem começa a ser criada na família. As mulheres ficam muito mais tempo que os homens envolvidas com a educação dos filhos, e por isso, mesmo que a figura paterna seja de valor indiscutível, a da mãe é mais ainda. Nas classes materialmente menos favorecidas, muitas vezes a mulher é o arrimo da família, pois alguns pais se ausentam de suas obrigações, vítimas do desânimo e do vício da bebida.

Cabe à mulher gerar. Essa parte da maternidade tem uma importância que está sendo permanentemente estudada em seus aspectos científicos, mas não se avalia o quanto a mãe pode fazer espiritualmente pelo seu filho, enquanto constrói seu organismo.

Vou ser mãe!

O instante em que recebe a notícia da gravidez é um momento importantíssimo, pois nessa hora tem início a ligação mental entre a mãe e o filho. Começa nessa hora a oportunidade de realizar bem uma grande missão na vida.

Quando soube que estava grávida, tive, nas duas vezes, a oportunidade de começar isoladamente minha ligação com as crianças. Vou contar como foi que eu fiz da primeira vez que soube que ia ser mãe com certeza, pois já tinha a intuição de que isso estava para acontecer.

Caminhei até uma praça próxima à clínica médica onde recebi a notícia e sentei-me num banco, embaixo de uma árvore. Hoje essa praça é muito movimentada e um pouco perigosa, mas há duas décadas atrás era um lugar muito tranqüilo. Quando consegui acalmar a excitação, causada por todo tipo de emoções que se misturavam em meu coração, comecei a falar com meu filho. Como possuo bem desenvolvido o dom da vidência, pude saber que era um menino e foi assim que me dirigi a ele, já da primeira vez. Agradeci por me haver escolhido como zeladora da sua vida, afirmei-lhe meu amor e alegria em recebê-lo. Em seguida, entreguei-o à Mãe-Terra para que o energizasse, ficando imóvel, com os pés firmemente plantados no chão. Assim que pude estar com meu marido, celebramos juntos essa chegada, pela qual tivemos que esperar cinco anos, depois de unidos. Ele é muito quieto, mas tenho certeza de que fez, como eu, seu compromisso de responsabilidade e agradecimentos, pois sempre foi um pai dedicado.

Da segunda vez foi muito diferente. Eu estava desde cedo envolvida com a festa de aniversário do meu primeiro filho, que fazia três anos, quando olhei para os docinhos que estavam sobre a mesa e tive a sensação de uma enorme bola em meu estômago, seguida de um enjôo fortíssimo. Na hora pensei: "Estou grávida!" Larguei o que fazia, deixando para as pessoas que me ajudavam a tarefa de terminar a arrumação, e saí para caminhar. Como não encontrei um banco de praça, sentei-me no gramado perto de uma árvore, num parquinho para crianças. Ali tive minha ligação com meu neném, entregando-o aos cuidados da Terra. Na volta encontrei todo mundo assustado com minha ausência de casa, pois a festa já estava começando. Nesse dia, a festa foi para mim uma dupla comemoração!

Algumas futuras mães, ao ler este livro, já podem saber que estão gerando um filho; mesmo assim, poderão fazer sua primeira ligação consciente com a criança manifestando a ela a sua alegria em recebê-la. Agradecer a Deus por haver sido a escolhida é outro passo para prosseguir na integração com as realidades da maternidade.

Vou ensinar algumas orações que as futuras mães poderão achar úteis para essa fase de aproximação inicial com o filho. A primeira delas destina-se ao momento em que a mãe sabe com certeza que está grávida. A segunda, mais esotérica, destina-se à entrega do filho para que a Terra o ampare em suas necessidades materiais e o energize. A terceira oração deve ser feita durante mais ou menos uma semana, diariamente, para reforçar no filho a sensação de que é amado e de que será bem acolhido pela mãe. A quarta oração é uma prece de agradecimento por haver sido a escolhida para receber o espírito que vai encarnar. A quinta oração é uma conversa com a criança que está no ventre, acalmando as ansiedades do espírito que ali se instala.

Essas orações não precisam ser feitas como estão aqui transcritas, mas sei que muitas pessoas sentem mais facilidade para orar quando têm palavras já escritas. Ler orações que parecem conseguir transmitir as idéias da mente pode ser agradável, quando a pessoa acha que sua expressão verbal está pouco desenvolvida. A prece é boa em qualquer caso, mas limitar-se às palavras alheias nem sempre é bom. Por isso, a mãe pode criar suas orações e sua maneira individual de falar com Deus e com seu filho.

Oração de Acolhimento
(para o momento em que se tem certeza da gravidez.)

Meu filho, eu soube, agora há pouco, que você está em mim.
Quero que saiba que estou em você também.
Nunca estaremos tão unidos como estamos agora
E como estaremos nos próximos meses.
Agradeço a você por me haver escolhido,

Agradeço a Deus por haver consentido nessa escolha.
Aceito de coração aberto todos os projetos traçados
Para nós dois no mundo espiritual.
Procurarei corresponder às suas expectativas e
Estar à altura da missão, que aceito plenamente.
Seja bem-vindo, meu filho.
Esteja comigo, guardado e amado, desde já.

Oração para Energização do Filho no Ventre
(feita com os pés descalços, sobre a terra.)

Mãe-Terra, o filho que carrego no meu ventre
É vosso filho também.
Neste momento, eu o entrego a vós,
Para que possais reforçar sua força pequena ainda.
Pelos meus pés chegarão até nosso filho os vossos fluidos,
Que recebo diretamente do solo em que piso.
Só os vossos fluidos são capazes de ligá-lo à
Fonte maior de energia do planeta,
Protegendo-o, para que cresça perfeito no meu ventre.
Como vossa filha, recebo igualmente energia,
Estando defendida e forte para cumprir minha missão.
Peço-vos, também, que deis ao nosso filho
Fartura e prosperidade durante sua existência física.
Obrigada, Mãe-Terra!

Oração Diária para Transmitir Amor ao Filho
(para reafirmar seu amor ao filho nos primeiros dias.)

Querido filho, estou muito feliz por estar com você.
Ao acordar, até parece que sonhei.
Ainda agora sinto uma alegria tão grande,
Que não parece verdade que você já está comigo.
Olho minha barriga, que ainda não aparenta crescer,
E imagino o milagre que está acontecendo aí dentro.
A cada hora você se transforma e aumenta,

Tomando a forma com a qual irei conhecê-lo.
Eu amo a sua presença em mim,
Eu estou feliz por ter sido escolhida,
E agradeço a Deus por essa felicidade!

Oração de Agradecimento por Ter Sido Escolhida
(para agradecer a Deus a presença do filho.)

Senhor, meu Deus,
Vossa sabedoria é infinita;
Vossos propósitos, sempre corretos;
Vossos desejos, sublimes.
Agradeço-vos de coração por permitirdes que eu
Seja abençoada com este filho que carrego comigo.
Saber que me escolhestes como apta a educá-lo
Torna-me mais consciente da importância da minha tarefa.
Todos os dias louvarei a vossa decisão,
Que honrarei através de atos dignos da confiança com que
Vós me distinguistes.
Obrigada, Senhor, meu Deus!

Primeira Conversa Com o Filho
(para acalmar ansiedades do espírito na adaptação inicial.)

Filhinho querido, senti agora há pouco sua presença.
Sei que a nossa ligação está apenas começando e
Que o seu corpinho está passando por uma evolução
acelerada.
O mesmo acontece comigo,
Meu corpo está se modificando a cada hora.
Agora eu quero falar com o espírito que se une ao meu bebê,
Pois eu sei que é com ele a minha maior responsabilidade.
Estou consciente da importância que tem
Para nós dois este momento.
Sinto-me feliz em participar do seu projeto evolutivo,
Tudo farei para que o nosso crescimento seja alcançado.

Esteja tranqüilo no meu ventre, pois você é muito amado.
Adormeça e aguarde a hora de nascer.
Eu zelo por você.
Meu filho é corpo e espírito,
Dos dois sou guardiã dedicada.
Cumpro com alegria e amor o meu destino de mãe.
Obrigada, meu Deus!

Um roteiro para a gestação

Durante a gestação, a mãe deve levar uma rotina diária semelhante à que seguia anteriormente. Se trabalha, vai continuar; se fica cuidando da casa, continua assim. Tudo que significa crise e alterações radicais deve ser evitado, pois acontecem no corpo, durante a gravidez, mudanças bastante acentuadas, que deixam a mulher um pouco transtornada. Acrescentar motivos de tensão desnecessários é querer complicar o que poderia ser conduzido com tranqüilidade.

Uma gestação calma gera um filho tranqüilo, que dorme bem, come bem e quase não dá trabalho. Uma gestação cheia de altos e baixos, com agitação e angústias, gera um filho chorão, que come e dorme sem ritmo, dando mais trabalho à mãe.

Tudo que a mãe sente é passado para seu filho, a criança reage ao choro da mãe e à sua felicidade com sensações semelhantes. Uma mãe triste passa ao filho sua infelicidade. Uma mãe esperançosa e em harmonia passa ao filho alegria de viver.

Os aspectos físicos são igualmente importantes, pois o corpo que está sendo constituído necessita de boa nutrição, para formar bons dentes, olhos perfeitos, ossos, músculos e nervos fortes. Quando uma criança recebe desde o ventre materno a alimentação mais adequada, sua constituição será perfeita e o bebê que chega é mais resistente às doenças. Só que nutrição correta não é sinônimo de muita comida, e é por isso que a ajuda do médico ou nutricionista é tão importante. Há também outros cuidados físicos aos quais a mãe deve atender.

Vamos apresentar, como preparação, neste pequeno roteiro, duas categorias de orientações: a física e a espiritual. A ênfase será nos aspectos espirituais, pois esse é o objetivo primeiro do nosso livro.

A) Preparação física

O médico é o principal responsável e o melhor orientador da mãe durante a gestação. Ela necessita fazer com ele todos os exames de acompanhamento e não deve ingerir nenhum tipo de medicação sem sua autorização. É também o médico quem deve fornecer as orientações nutricionais para a gestante, pois a alimentação da mãe é fundamental para a boa estrutura física da criança.

Alguns temas, que estão relacionados com a preparação física da gestante, são fundamentais para seu espírito e também para a formação da mente da criança. É nesses assuntos que nos deteremos. São eles: repouso, respiração, exercícios físicos e energização.

Repouso

O descanso da futura mãe é muito importante para seu bem-estar, pois ela tem algumas alterações no sono, que poderão gerar desarmonia física, com reflexos na criança. Nos primeiros meses o sono costuma ser muito intenso, vindo em horas incomuns. Sempre que possível, devem-se observar, nessa fase, as necessidades maiores de repouso. Um cochilo depois do almoço faz muito bem.

Depois, nos últimos meses, o sono também sofrerá transtornos, pois o corpo não fica bem adaptado à posição deitada. A futura mãe acorda muitas vezes durante a noite ou tem dificuldade para adormecer. Nesse período, se ela aprender a praticar relaxamento, com música suave, no final do dia, sentirá maior facilidade para dormir, à noite. Os exercícios respiratórios, que descrevemos adiante, também são auxiliares para o equilíbrio que resultará num bom repouso.

Como parece fácil relaxar! Muitos pensam que é só parar com o que se está fazendo, ficando deitado e quieto, que o relaxamento é automático. Esse é um engano muito comum. O relaxamento requer aprendizado e treino para ser efetivamente um alívio das tensões e induzir ao descanso. Durante o dia o corpo é exigido e, para poder atuar, fica de prontidão, com os músculos e os nervos tensos, à espera do que terá que fazer. Acrescentando a isso as influências externas, geradoras de mais tensão, temos, no final do dia, uma situação física muito desgastante.

Vamos explicar como as futuras mães podem aproveitar alguns momentos durante o dia para fazer um bom relaxamento e ficar mais descansadas.

O relaxamento é um estado completamente oposto à tensão. Os músculos ficam soltos e os nervos não são exigidos. A mente se libera de estímulos negativos, gerados por emoções perturbadoras.

Quando dormimos, nosso corpo tem algumas de suas atividades, as externas, interrompidas, mas outras atividades, as internas, as chamadas funções vegetativas, não param. Continuamos a ter em atividade a respiração, a digestão, a circulação sangüínea, entre outras funções. O repouso é eficiente quando as atividades externas cessam e as internas (funções vegetativas) reduzem seu ritmo. No repouso, também a atividade mental fica minimizada.

A melhor posição para relaxar é deitar-se sobre uma superfície firme, de costas. Depois de atingir um certo estágio da gravidez, essa posição de barriga para cima pode tornar-se incômoda. Adota-se, então, a posição de lado, com um travesseiro dando apoio à barriga. Os braços ficam soltos ao lado do corpo, com as palmas das mãos viradas para cima. As pernas ficam um pouco separadas, soltas, e os pés, na posição em que naturalmente assentarem. Nada na posição pode ser forçado, exigindo uma atividade muscular para manter a postura. O pescoço e os ombros são os pontos nos quais a maior tensão se aloja: solte-os bem, rolando a cabeça de um lado para o outro, até parar numa posição confortável. O rosto também fica relaxado, deixando o queixo solto, com a boca levemente entreaberta. Os olhos são fechados sem esforço.

Sinta o corpo prender-se ao chão, ficando cada vez mais solto e pesado. Evite movimentar-se depois de encontrar a posição mais descontraída. Use as palavras *afrouxar* e *amolecer* para ocupar a sua mente enquanto se sente cada vez mais inerte. Faça respirações abdominais suaves e lentas, mentalizando a absorção, sem nenhum esforço, de bons fluidos energéticos.

O sono pode acontecer durante um relaxamento, mas esse não é o objetivo final, uma vez que, logo depois do relaxamento, a futura mãe poderá fazer orações e visualizações em benefício do filho, com bons resultados posteriores, visto que estará em excelentes condições de se concentrar.

Termine o relaxamento espreguiçando-se e, com movimentos lentos e suaves, sente-se. A melhor hora para o relaxamento é ao entardecer, antes do jantar. Em geral ele não precede a hora de dormir, apenas solta as tensões para aproveitar as horas da noite, em que se pode reunir com o esposo e aproveitar alguns momentos de intimidade com a família.

Exercícios respiratórios

Todos os exercícios respiratórios são benéficos às gestantes, pois massageiam os órgãos internos e promovem uma maior absorção de oxigênio e *prana*. O oxigênio todos conhecem; *prana* é o nome dado pelos indianos ao fluido energético que dá vida aos seres. O oxigênio e o *prana* estão na composição do ar que respiramos. Pela prática dos exercícios respiratórios, podemos absorver mais oxigênio e mais *prana*. O oxigênio é fundamental para o bom desenvolvimento das células e da mente, enquanto o *prana*, que é pura energia de origem divina, beneficia o corpo espiritual.

Experimente fazer agora um exercício respiratório que vou descrever. De pé ou sentada, coloque as mãos na altura do umbigo. Com a boca fechada, vá enchendo os pulmões e movimentando junto a barriga, projetando-a para a frente, à medida que entra o ar. Em seguida, esvazie os pulmões, enquanto encolhe a barriga. Repita esses movimentos por um minuto, sempre com as mãos sobre a barriga, para sentir a sua movimentação. Você acabou de praticar a respiração diafragmática, que faz uma boa massagem interna.

Agora continue. Encha os pulmões, de boca fechada. Dê uma

paradinha quando estiver com eles repletos de ar e depois solte o ar pela boca, com três sopros consecutivos, como quem enche uma bexiga. O último sopro tem que eliminar todo o ar dos pulmões. Inspire novamente, com a boca fechada, e solte mais uma vez o ar em três etapas, soprando pela boca aberta. Você acabou de realizar um exercício de respiração cuja finalidade é fazer a limpeza dos resíduos acumulados nos pulmões.

Aposto que você já sentiu alguma mudança na sua disposição física, com uma melhora também na sua capacidade mental. Então, continue mais um pouquinho só. Tampe a narina direita e, mantendo a boca fechada, respire lentamente por três vezes, usando para isso só a narina esquerda. Quando terminar, tampe a narina esquerda e respire mais três vezes pela narina direita. Não tenha pressa; respire com calma e ritmo. Você terá realizado, ao completar as respirações, um exercício de respiração polarizada, que é útil para equilibrar todo o organismo e alimentar de oxigênio e *prana*, alternadamente, os hemisférios cerebrais. Esse exercício ajuda a restaurar o equilíbrio nos momentos que se seguem a uma emoção forte.

Pronto! Esse roteiro de três exercícios respiratórios é suficiente para a gestante seguir durante toda a gravidez. Se fizer os exercícios depois do relaxamento, será muito bom, mas nunca pratique os exercícios imediatamente antes da hora de dormir, pois eles são extremamente energéticos e podem tirar-lhe o sono.

Exercícios físicos

A futura mãe que tem por hábito fazer uma atividade física programada, com aulas, pode continuar, sob supervisão médica, com os exercícios físicos. Aquela que nunca deu atenção a isso deve começar.

Os exercícios físicos mantêm a gestante mais animada, evitam a depressão e o desânimo, ajudam a controlar o peso e facilitam o parto. As melhores atividades para a gestante são a caminhada, a natação e os exercícios de ioga. Mesmo quando nunca fez nenhuma atividade física, a futura mãe pode começar com uma dessas opções, sem nenhum risco. Convém lembrar-se de conversar com o médico antes de iniciar, para que ele a alerte no caso de haver algum problema que contra-indique os exercícios.

A caminhada é, entre as três citadas, a única que não tem praticamente nenhum custo. Exige apenas um calçado firme, que possa, de preferência, absorver os impactos exercidos sobre a sola do pé. A gestante está mais pesada e os impactos nos pés são maiores – isso não deve ser esquecido. Caminhar tem alguns segredinhos, os quais, bem observados, dão ao exercício mais prazer. É importante escolher, para fazer sua caminhada, um horário em que a temperatura esteja agradável. Nas ruas, o passeio pode ser interessante; mas, se o trânsito é intenso, o ar que se respira ao andar é nocivo e, nesse caso, é melhor procurar ruas laterais, menos movimentadas. Quando há a possibilidade de caminhar num parque, aos benefícios do exercício aliam-se energias da natureza, bastante revigorantes. Levar objetos nas mãos impede o movimento livre dos braços, que é mais um exercício; por isso, use roupas com bolsos, para colocar chaves e outros objetos que precise ter consigo. Beber água durante as caminhadas mais longas é importante. O uso de protetor solar e de um boné ou chapéu é indispensável quando há sol.

A natação e a ioga devem ser praticadas em academias, para que um professor acompanhe os exercícios, planejando a evolução e adaptação de acordo com as suas necessidades específicas.

Energização

A energização revigora fisicamente, deixando a gestante e a criança em seu ventre ligadas à Mãe-Terra, que supre suas necessidades materiais. A energização está analisada em outros aspectos, adiante, onde comentamos sobre o USO DOS FLUIDOS NA GESTAÇÃO, pois na energização são utilizados os fluidos chamados energéticos. Temos um livro, editado pela Editora Pensamento, chamado *A Cura pelos Fluidos*, que trata exatamente desse tema e no qual podem ser obtidas informações mais completas.

Os recursos energéticos beneficiam de forma suave a criança que está sendo gerada. Sua aplicação também pode ser realizada em certos momentos delicados para a saúde da mãe, até como reforço terapêutico.

Os principais veículos de energização são:

1. os cristais, aplicados nos centros vitais do corpo, chamados *chakras*;
2. as trocas energéticas com os elementos da natureza, tais como árvores, rios, mares, pedras, argila;
3. a água, através da hidroterapia;
4. o toque físico, através de massagens.

B) Preparação espiritual

Junto com os cuidados físicos, a gestante deve manter uma atenção constante aos aspectos espirituais de sua alma. A melhora íntima pode ser acentuada durante a gravidez, trazendo uma evolução de boa qualidade, com o benefício principal de manter a criança que está sendo abrigada envolta numa atmosfera de amor e bons fluidos espirituais.

Tudo o que incomoda ou é negativo deve ser afastado com presteza. Sabemos que nem todas poderão ter uma tranqüilidade completa; seria uma utopia achar que isso é possível. Mas é importante lutar para estabelecer harmonia na vida. Tudo o que represente tensão e não seja um assunto urgente deve ser deixado para resolver mais tarde. É como se a futura mãe congelasse o problema para resolver depois que o filho nascer.

Escolhemos cinco pontos principais para serem a tônica da preparação espiritual da gestante: emoções e condutas vigiadas, paz, beleza, alegria e boas leituras.

Emoções e condutas vigiadas

Com nossos pensamentos e atitudes positivas, atraímos algumas entidades espirituais desencarnadas, que estão no mundo material para ajudar os homens e que são os chamados guias espirituais. Esses guias se apresentam espontaneamente para ajudar e defender todo homem que está se esforçando por melhorar como espírito. Os principais guias protetores são os anjos da guarda.

A gestante que cria ao seu redor um espaço de elevada vibração espiritual passará a contar com muitas defesas espirituais, provenientes de guias evoluídos.

Por sua vez, os pensamentos e atos negativos atraem entidades espirituais de igual qualidade: espíritos negativos. Esses espíritos podem atrasar e incomodar muito a mãe que não mantém sobre o seu comportamento uma vigilância atenta e cujos pensamentos estejam voltados para a negatividade.

Os pensamentos e atos negativos provêm da confusão mental em que as pessoas, em vez de se ligarem ao seu lado divino, deixam crescer seus defeitos. Falatórios inúteis, julgamento das atitudes alheias, inveja de uma situação positiva que o outro manifeste, insegurança e medo de falhar em algum aspecto da vida, impaciência com situações ou pessoas que não sejam como se deseja, cobranças pessoais exageradas de perfeição absoluta. São tantas as maneiras de criar uma atmosfera espiritual negativa!

O controle das emoções é difícil e exige treino constante, pois geralmente sabemos o que é preciso melhorar, mas exercer na prática o domínio do ego é algo muito complicado. A futura mãe tem que trabalhar para eliminar, principalmente, as manifestações de raiva ou de ira, de ciúme, inveja, medo ou insegurança. Quando manifesta envolvimento com as emoções negativas, toda pessoa libera fluidos dentro de seu corpo que podem ser comparados a um veneno que transita pela corrente sangüínea. O sangue da mãe circula pelo corpo do filho que está gerando e, em conseqüência, a criança também é envenenada.

Ao dedicar sua vontade consciente à tarefa de tentar melhorar sua natureza básica, responsável pelas manifestações negativas, a alma da mãe evolui. A criança passa a receber mais fluidos benéficos e não fica angustiada ou sofredora.

Paz

A paz do espírito depende muito das situações práticas da vida e, mesmo quando está com dificuldades materiais para se acalmar, a futura mãe precisa encontrar uma maneira de se retirar das confusões mundanas e de se deixar envolver por uma aura pacífica. Quando consegue fazer isso, ela evita que a criança sofra sobressaltos inúteis e faz com que ela permaneça calma no ventre. Uma criança gerada pela mãe que pode ficar num ambiente de paz refletirá, ao nascer, um comportamento tranqüilo.

Os familiares devem entender essa necessidade, colaborando para que, nos meses de gestação, a futura mãe não tenha tantos problemas ou movimentação caótica ao seu redor. As situações de estresse, quando não podem ser evitadas, precisam, pelo menos, ser amenizadas.

Uma criança gerada numa condição materna em que os momentos de paz predominam é mais fácil de se lidar desde os primeiros dias. Ela dorme melhor, alimenta-se bem, liga-se logo ao seio da mãe, mostrando mais facilidade para mamar.

Beleza

Outra influência positiva importante para a mulher grávida, que poucas pessoas observam, é aquela exercida pela beleza. Para ter filhos bonitos, a mãe pode usar o recurso de estar sempre perto do que é belo.

Em primeiro lugar, vem a atenção com sua aparência física pessoal, cuidando dos cabelos, da pele, do corpo. A gravidez deixa a mulher naturalmente mais exuberante, com um brilho diferente no olhar.

Em seguida vem a atenção com aquilo que a rodeia. Ir a exposições de arte e passear, olhando lojas com objetos bonitos, é uma boa forma de estar com a beleza por perto. Outra sugestão é ouvir concertos de música de boa qualidade, de preferência instrumental.

Envie todas as emoções boas, despertadas pela visão do belo ou pela proximidade com ele, para a criança, sentindo que passa para ela um fluido positivo e revigorante.

Alegria

Da mesma maneira que a tristeza da mãe é enviada para a criança, atingindo seu espírito, a alegria é estimulante e recuperadora para a sua alma, que pode estar passando, como já vimos, por algumas ansiedades e inseguranças quanto à reencarnação que vai se processar.

A alegria pode ser buscada, quando há dificuldade para senti-la no dia-a-dia. Filmes de comédia, engraçados e leves, peças de teatro, bem alegres, que forçam a rir, são capazes de proporcionar uma sensação gostosa de alegria, que é transmitida à criança.

Boas leituras

À espera do filho, a mãe pode aproveitar para se instruir, fazendo boas leituras. Os temas espirituais podem estar entre alguns dos livros selecionados, permitindo que a mãe instrua também o espírito que abriga.

É bom evitar ler romances ou novelas com tramas complicadas ou que possuam personagens moralmente fracos. Os pensamentos que esse tipo de leitura gera são emocionalmente carregados e, muitas vezes, negativos. Histórias leves e alegres, nas quais os valores positivos da alma são exaltados, devem ser as preferidas.

As aventuras e a ficção científica, com textos motivadores, agradam a muitas futuras mães, pois há sintonia com o movimento e a animação que serão, anos mais tarde, características de uma casa com crianças e adolescentes.

Os três primeiros meses de gestação

Na constituição física do bebê, os três primeiros meses são fundamentais, pois é nesse período que ele se transforma aceleradamente. Nessa fase, o espírito está fazendo também as primeiras aproximações com o corpinho da criança. Talvez seja por causa das inúmeras e tão profundas mudanças que estão acontecendo dentro do seu corpo que a mulher tem, nesses primeiros meses, as maiores alterações emocionais e mentais.

Geralmente, depois dos três primeiros meses, a mulher já consegue superar os efeitos de tantas alterações e reencontra seu equilíbrio. Todos os temas vistos acima, no roteiro para a gestação, são apoios fortes para que essa fase seja vivida com mais facilidade.

A aceitação da gravidez é outra adaptação que ajuda a reequilibrar a gestante, pois, quando há alguma rejeição, mesmo que pequena, a alma da criança pode sentir os obstáculos com clareza, ficando ainda mais difícil sua sintonia com o corpo que deverá assumir na reencarnação. Há muitas formas de uma gravidez ser indesejada, mas algumas rejeições são mais difíceis de trabalhar, porque têm sua base no inconsciente da mãe. Nesse caso, uma terapia com um psicólogo pode ser um suporte indispensável para que a mãe reencontre essas razões ocultas e as elimine da alma.

A mãe que rejeita o filho com base num motivo real – como a falta de um pai para ajudar na educação da criança, a carência de recursos financeiros, a vida familiar desestruturada e outros motivos, igualmente sérios –, mas, mesmo assim, faz a correta opção de gerar a criança também deve estar atenta para não criar uma amargura interior que seja transmitida ao filho. Ele não tem culpa de nada do que envolve a sua chegada; ele veio por vontade ou descuido dos pais, a quem cabe toda a responsabilidade.

Nos três primeiros meses, a criança não poderá jamais sentir rejeição, se a mãe a amar como deve ser. Crianças rejeitadas, consciente ou inconscientemente, apresentam reflexos na alma e no perispírito, os quais são causadores de muitos distúrbios orgânicos de difícil solução, tais como alergias e doenças que vão e vêm até se tornarem crônicas.

A adaptação da mãe à sua nova condição, quando acontece nos primeiros meses, propicia uma gestação alegre e feliz, sem muitos sobressaltos. Essa adaptação é uma necessidade para a mãe e para o filho, nos aspectos físico e espiritual. O ajuste inicial, quando bem feito, define uma gravidez tranqüila.

Como o corpo do neném está em formação acelerada nessa etapa, a visualização, que descrevemos neste capítulo algumas páginas adiante, tem resultados excelentes, favorecendo a formação de uma linda criança, transmitindo segurança ao espírito em adaptação e criando para a mãe mais harmonia. Vale a pena fazer os exercícios de visualização aqui descritos.

Uma união perfeita

Durante os vários meses da gravidez, mãe e filho permanecem como uma unidade, pois, ainda que tenham mentes e almas distintas, funcionam como um complexo único. O que acontece com um altera também o outro. Essa união, tão estreita, cria entre mãe e filho laços especiais, que podem prolongar-se depois que cada um volta a ser independente.

A união dos nove meses, entre a mãe e o filho, pode ser muito reforçada pela natureza. Sempre que a gestante puder tirar alguns momentos para ficar em íntima união com a Mãe-Terra, dará a seu filho um grande acréscimo de energia. Vamos descrever alguns exercícios de energização destinados a ligar a gestante e a criança aos variados tipos de energia que a Terra possui.

Dividimos esses exercícios em quatro blocos, e cada um deles tem um dos elementos da natureza no comando. Desta maneira, cada bloco de atividades enfatiza um tipo de energia específico.

Todos os exercícios devem ser realizados em lugares que permitam bastante contato com a natureza, pois não sao atividades puramente mentais. Eles precisam da força da natureza para que a transmissão energética se realize. Alguns exigem certa privacidade, outros podem ser feitos em locais públicos. Sempre deixe o lugar usado exatamente como o encontrou, nada de espalhar lixo e estragar uma planta ou outro elemento do lugar.

A futura mãe deve usar uma roupa de cor clara ou alegre, bem solta, confortável. Sempre que puder, deverá fazer o exercício sem calçados, para estar mais ligada à Terra. Um conselho importante: não se incomode com as pessoas que passarem e ficarem surpresas com o que você estiver fazendo. Houve um tempo em que todos sabiam como se ligar à Mãe-Terra e eram muito felizes. Quem sabe, ao vê-la, sintam uma nostalgia inconsciente de vidas passadas...

Primeiro bloco de exercícios: Ligação com o fogo

O elemento fogo é responsável, na vida das pessoas, pelo impulso realizador, pela força física, pela energia do sexo. O fogo dá vontade de viver.

1) Sente-se ou deite-se ao Sol. Afaste a parte de sua roupa que cobre a barriga e exponha-a por alguns minutos à luz do Sol. Evite os horários em que o Sol é perigoso, entre as dez da manhã e as quatro da tarde. Se quiser ficar mais do que cinco minutos, passe filtro solar. Podendo, exponha ao Sol, por alguns minutos, também os seus seios. A barriga que toma um pouco de Sol fica mais resistente às estrias e os seios ficam com os mamilos mais fortes e, depois, não racham na amamentação.

2) Acenda um pequeno fogo, ao ar livre, ao anoitecer. Cuide para não fazer isso num lugar com folhas secas ou onde haja algum outro tipo de risco de incêndio. Pode usar, para seu fogo, uma lata e alguns pedaços de carvão para churrasco. Sente-se sobre o solo e fique olhando para o fogo. Às vezes, estenda as mãos e sinta a energia do fogo; coloque as mãos aquecidas sobre a barriga, para transmitir a energia ao bebê. Passe ali uma meia hora, sinta-se calma e feliz.

3) Se quiser trazer para si a energia do fogo e não puder sair de casa, use para isso uma vela vermelha. Num dia de lua cheia, sente-se em frente a uma janela de onde possa, de preferência, enxergar a lua. Acenda sua vela e fique perto dela, aproveitando para receber força. Quando a vela estiver no meio, pegue-a e aproxime-a da sua barriga, para a criança ser energizada também.

4) Escolha uma pedra dessas de jardim, não muito pequena, e deixe-a ao Sol por várias horas. Procure fazer com que ela pegue principalmente o Sol do meio-dia. Depois, coloque seus pés sobre a pedra, sentindo o calor do fogo solar que ela transmite a você e ao neném.

Segundo bloco de exercícios: Ligação com a terra

O elemento terra é responsável por suprir as necessidades materiais da vida; ele nutre e dá estrutura sólida ao corpo, sendo capaz de reorganizar as funções vitais.

1) Depois de uma chuva, tire os sapatos e coloque os pés na terra. Respire fundo várias vezes, erguendo os braços ao inspirar, como se quisesse alcançar o céu. Não se incomode por sujar os pés. Sinta o odor da terra molhada, pronta para o plantio. Coloque as palmas das mãos na terra e depois passe a energia recebida para o bebê, colocando as mãos sobre a barriga. Mais tarde, tome um banho quente.

2) Deite-se de costas num gramado, ligando-se à terra que está sob o seu corpo. Deixe os braços abertos, colocando as palmas das mãos viradas para baixo. Respire lentamente, mantenha os olhos fechados, pensando na criança que está dentro de você. Sinta que a energia da terra vem de uma fonte divina, que está em algum ponto do Universo.

3) Compre numa fábrica de cerâmica um pequeno pedaço de argila. Abra-o como se estendesse massa de pastel, usando para isso uma garrafa. Coloque essa placa de massa numa fralda da criança e ponha sobre a sua barriga. Fique deitada, respirando suavemente. É bom evitar que a terra toque na pele, pois não se sabe se ela tem alguma contaminação. Se for argila própria para terapia, não precisa usar a fralda para proteger a pele.

4) Escolha, com muito cuidado, uma árvore especial para ser a energizadora da sua criança durante a gravidez. Essa árvore deve ser tocada freqüentemente. Encoste nela o corpo, encostando a coluna vertebral ao longo do tronco ou abraçando-a. Dirija à árvore algumas palavras, explicando por que precisa da sua ajuda. Leve para casa algumas das folhas que estiverem caídas no chão, para não perder o contato. Sempre que sentir desânimo ou alguma fraqueza, vá até a árvore recuperar-se. Quando a criança nascer, leve-a para que a árvore a conheça desde cedo.

Terceiro bloco de exercícios: Ligação com o ar

O elemento ar é o estimulador da inteligência no homem. Ele dá boas idéias, criatividade e independência. A liberdade é um atributo desse elemento.

1) Encontre um lugar bem alto, como uma torre ou mirante. Vá até o topo num dia bem bonito. Deixe os cabelos soltos e fique sentindo o vento rodeá-la. Imagine seu filho recebendo a energia livre do ar, não tendo amarras que impeçam seu crescimento mental.

2) Escolha um incenso de pinho ou eucalipto. Acenda-o em frente a uma janela aberta e, enquanto ele queima, vá observando a fumaça e os desenhos que ela forma.

3) Escreva em várias folhas da sua árvore especial o nome que vai dar ao seu filho. Depois, espere uma ventania para soltar essas folhas, deixando-as ir, livres, para onde o vento as levar. Mentalize que um dia fará o mesmo pelo seu filho, confiando-o ao seu destino.

4) Numa noite estrelada, deite-se num gramado para contar estrelas. As estrelas são símbolos de esperança: peça a uma delas um lindo futuro para a sua criança.

Quarto bloco de exercícios: Ligação com a água

A água é o elemento responsável pelas emoções humanas. Ela traz o amor e o mundo dos sentimentos para a vida. A sensibilidade é aumentada quando há ligação com a água.

1) Você vai precisar ter contato com a água salgada do mar pelo menos uma vez durante a gravidez. Isso não é absolutamente essencial, mas será um bom reforço, se puder realizá-lo. Entre com o corpo inteiro na água, deixe seu filho também receber os fluidos. Permaneça bastante tempo dentro do mar.

2) Além da água salgada, outro banho, com água doce, também poderá ajudar na ligação com o elemento água. Escolha um rio ou lago no qual possa tomar um banho, sentindo que se reforçam as energias da mãe e do filho.

3) Coloque na sua mesa-de-cabeceira uma taça ou uma outra peça de cristal, cheia de água recolhida da chuva. Dentro, deixe alguns pequenos cristais. Essa água é trocada periodicamente. Algumas vezes, passe sobre a barriga algumas gotas dessa água, mentalizando que na vida da sua criança haverá muito amor.

4) Num dia de temperatura agradável, tome um banho de chuva. Logo em seguida, entre e tome uma boa chuveirada quente, para não se resfriar. Enquanto estiver na chuva, não use sapatos. Deixe que as gotas da chuva caiam sobre a sua barriga.

5) Se você mora numa cidade litorânea, recolha água do mar e leve para casa. Arrume no recipiente da água algumas conchinhas e pedras coloridas, deixando como enfeite por alguns dias.

As primeiras conversas

Assim como conversa com as outras pessoas, a futura mãe também conversa com seu bebê, mesmo que ele ainda esteja dentro dela. Pais que conversam com seus filhos nunca passarão pela surpresa de um dia descobrir que não sabem nada sobre eles. Quando a criança já pode entender, a conversa da mãe deve ser mais ouvir do que falar, mas, antes disso, as conversas já podem começar a acontecer.

Comece, desde cedo, a escutar o seu filho. Isole-se num cômodo da casa que seja bem silencioso. Quando não há um lugar assim, faça isso de manhãzinha, antes que o dia esteja começando a clarear, pois há ainda bastante silêncio na natureza. Inicie com a prática dos exercícios respiratórios, para se energizar.

Depois, tampe os ouvidos e escute seus sons interiores. Esses sons são muitos, e a maioria deles reflete o som das funções orgânicas. Quando estiver habituada aos seus sons pessoais, tente escutar a criança. De início, parece que há muita mistura entre os sons da mãe e os da criança. Mais tarde, com a prática e com o aumento do volume da barriga, isso torna-se mais fácil.

O mais importante do exercício é a postura mental, que deve ser orientada no sentido de abrir espaço para a comunicação entre mãe e filho. Os espíritos evoluídos se comunicam mentalmente. É bem possível enviar, mentalmente, ao filho que está no ventre mensagens de amor e estímulos positivos, recebendo também algumas imagens mentais que partem dele.

Essa abertura deve ser uma posição sempre presente nas conversas futuras; deixe isso claro desde o princípio, mentalizando para sua criança que será assim. Quem é ouvido, aprende a ouvir e, mais tarde, quando a mãe precisar falar com a criança, ela também saberá ouvir.

Outro bom exercício é conversar em voz alta com o bebê. Essas conversas são a respeito de tudo o que está acontecendo; não precisam ser necessariamente uma instrução nem mentalização sobre temas morais ou espirituais. Por exemplo, a mãe está na cozinha preparando uma refeição e vai falando com a criança sobre o que está fazendo, contando alguma história ou fazendo planos. Mais tarde, quando o bebê tiver nascido, essa conversa irá ajudá-lo a se manter desde o início ligado à vida da casa. Um neném que ainda não fala adora ficar ouvindo a mãe conversar com ele.

A visualização na gravidez

Uma das mais importantes atividades espirituais durante a gravidez é a visualização. Visualizar é criar uma imagem mental, bastante definida, daquilo que se espera trazer para a realidade do mundo material. Os pensamentos, direcionados e repetidos, criam no mundo espiritual um molde, que prepara facilidades para que o pensamento se torne realidade no mundo material.

Há diversas visualizações importantes para a mãe realizar durante a gravidez e através dos anos seguintes. É importante não ficar criando imagens apenas para o filho, pois ele vai viver num mundo com muitas outras pessoas. As imagens mentais direcionadas para a Terra em que ele habitará são essenciais, pois o homem corre cada vez mais o risco de esgotar os potenciais energéticos do planeta.

A visualização não pode criar uma imagem de algo que, quando realizado, venha a interferir no livre-arbítrio da criança. Uma visualização, por exemplo, que uma mãe faz para que seu filho venha a ser médico, realizada antes de poder saber se é isso o que ele quer, não tem efeito, pois irá interferir na sua liberdade de escolha. Mais tarde, se o rapaz começar a se preparar para um vestibular de medicina, aí, sim, é a hora de fazer a visualização dele como doutor.

Da mesma forma, não se deve usar a visualização para alterar qualquer tipo de ligação entre as pessoas. Dentre estas, podemos exemplificar com a visualização para aproximar ou afastar dois namorados.

Vamos sugerir alguns exercícios de visualização; a futura mãe fica com a escolha de quais acha interessante realizar. Com base nos exercícios mencionados, a gestante vai realizar outros, criados por ela mesma, que atendam às suas necessidades.

Sempre que for praticar um exercício de visualização, faça antes um relaxamento e exercícios respiratórios, pois sentirá mais facilidade para se concentrar nas imagens. O exercício pode ser feito dentro de casa ou fora, mas deve-se ter a certeza de não sofrer interrupções, pois estes iriam anular o esforço de concentração.

A visualização só concretiza resultados quando há uma constante repetição das imagens mentais; por isso, cada um dos exercícios escolhidos precisa ser repetido muitas vezes, sempre da mesma forma. A repetição é que propicia a criação do molde que terminará por trazer à matéria o que estava só na imaginação.

Algumas pessoas não conseguem formar imagens mentais, sentem dificuldade para ver mentalmente uma cena ou figuras definidas. A essas pessoas podemos sugerir que desenhem, ou recortem em revistas, figuras semelhantes às imagens que idealizam e trabalhem intensamente com esses quadros. Isso é feito da seguinte maneira: primeiro, olha-se bastante para o desenho ou recorte; depois, de olhos fechados, tenta-se recompor na mente a imagem observada.

1) Exercício para reforçar a energia da terra

Crie uma imagem mental de uma Terra forte, onde seu filho viverá mais feliz. Imagine rios limpos, praias despoluídas, matas intocadas, terras com plantações viçosas, ar limpo. Coloque em todas essas imagens mentais figuras humanas luminosas, trabalhando ou aproveitando os recursos naturais. Mentalize também cientistas num laboratório, dedicados às pesquisas que facilitarão a conservação da natureza.

2) *Exercício para iniciar um ciclo de vida*

Quando nasce um filho, inicia-se para a mãe um novo ciclo, que pode juntar-se a outros ciclos de sua vida. Toda mãe vive ciclos de vida relacionados com os de seus filhos. Neste exercício de visualização, crie a imagem mental de uma roda de carroça, daquelas de madeira. Faça com que essa roda se movimente, levando a carroça para a frente. Imagine que ela passa por vários tipos de terreno: plano e esburacado, reto e curvo, subindo e descendo, liso e áspero. Faça de modo que cada dificuldade da roda seja seguida por uma facilidade. Imagine depois que a mesma roda está fora da carroça, deitada sobre o solo, e que no centro dela está o seu filho. A roda se ergue como um disco, pelo espaço, girando lentamente, enquanto vai repetindo infinitamente os seus movimentos. Mentalize felicidades em todos os ciclos que irá viver com a sua criança: crescimento, adolescência, casamento, reprodução. Saiba, contudo, desde já, que haverá todo tipo de estrada a trilhar e que a cada dificuldade se seguirá uma facilidade. Agradeça a Deus por ter decidido que as etapas de sua vida se desenrolassem dessa maneira.

3) Exercício para facilitar a tarefa espiritual do filho

Ao encarnar, seu filho terá que começar a se preparar para a tarefa espiritual que escolheu antes de vir. Já vimos que ele pode ter uma missão ou uma expiação a realizar, conseguindo com isso efetivar um progresso espiritual. Com a visualização, a mãe poderá criar condições de abertura para que o filho concretize suas metas. Crie a imagem mental de uma montanha azul, iluminada pelo Sol. Ao pé da montanha está uma criança, o seu filho, que brinca na grama, entre as flores. Do alto da montanha vem um raio de luz branca, que forma um caminho até o topo da mesma. Imagine que seu filho começa a subir pelo raio de luz, avançando aos poucos em direção ao alto. Ele olha para trás, como se esperasse vê-la correr para ajudá-lo, mas você não pode, pois esse é um caminho para ele seguir sozinho. Você faz um aceno, estimulando-o a continuar, e ele segue, agora mais determinado. Vá, lentamente, mudando a figura da criança, para torná-la, aos poucos, um adulto. Ao chegar ao topo, imagine que ele se funde com a luz.

4) Exercício para fortalecer a saúde da criança

Forme uma imagem mental da criança que está no seu ventre. Imagine que ela é perfeita e saudável, que está se fortificando com os elementos que seu corpo lhe fornece. Envie mentalmente mais energia sua para dar mais força ao bebê.

5) Exercício para facilitar a amamentação

Crie mentalmente a imagem de um lindo bebê. Ele é perfeito, saudável e alegre. Imagine que está com ele no colo, passeando no parque. Você anda um pouco e, depois, senta-se num banco, porque é uma criança muito pesada. Mentalize agora que está, ainda sentada, amamentando o seu bebê, que ele suga com força o seu leite, que flui abundantemente. A criança mama e adormece, contente e bem nutrida.

6) Exercício para a criança gostar de estudar

Mentalize uma mesa com cadernos, livros e canetas. Sentada à mesa está sua criança, envolvida com a atividade de colorir um mapa-múndi. Ela parece feliz e realizada com o que faz. Ao terminar, levanta-se e vem mostrar-lhe o resultado do seu trabalho. Você a elogia e ela volta para fazer outra das tarefas escolares, sempre com uma aparência alegre.

7) Exercício para criar uma proteção que envolve a gestante

Procure estar num lugar silencioso; você pode ficar deitada, de pé ou sentada, como se sentir melhor. Inicie com uma oração preferida, ou com um salmo de proteção, como o número 91, ou, ainda, com um salmo de confiança, como o número 22. Em seguida, visualize um cone de luz lilás sobre você, de tal modo que seu corpo fique, todo ele, rodeado de luz. Imagine que esse espaço é uma proteção completa, capaz de afastar inimigos carnais ou espirituais, e que ele a acompanha sempre. Quando se sentir bem descontraída, espreguice-se e abra os olhos, encerrando a mentalização. Cada vez que sentir algum peso ou mal-estar, volte a repetir essa visualização.

O uso dos fluidos na gestação

Os fluidos estão presentes em toda parte e tudo permeiam. Eles são formados de matéria sutil, mas possuem propriedades próprias. Sua origem é divina. Há três categorias básicas de fluidos e cada um deles tem uma função específica, existindo uma aplicação certa para cada necessidade. Alguns fluidos são capazes de atuar sobre o corpo físico; outros agem também sobre o corpo perispiritual, e outros podem atingir a alma, além de influir sobre os corpos físico e perispiritual.

Vamos apresentar um breve resumo sobre os três fluidos, comentando sua utilização, pois a gestante será extremamente beneficiada quando fizer uso dos fluidos para melhorar alguma condição orgânica desfavorável, e também quando quiser melhorar suas defesas espirituais.

Os *fluidos energéticos* são fluidos de uma vibração capaz de atingir o corpo físico, podendo mudar suas condições. Para movimentar um fluido energético, usa-se geralmente algum elemento externo que possui características energéticas e as transmite ao corpo físico. Esses fluidos não atuam sobre a alma nem sobre o perispírito. Exemplos de geradores de fluidos energéticos: cristais, árvores, rios, mar, água mineral. Os toques físicos sobre pontos especiais do corpo, através de massagens, como no do-in ou na acupuntura, também são classificados como produtores de fluidos energéticos.

O uso desses fluidos exige conhecimento para bem utilizá-los, pois, quando sua aplicação é incorreta, o resultado é que a energia, em vez de ser recebida, poderá ser drenada, enfraquecendo o corpo, quando deveria fortalecê-lo. Procurar um profissional competente ou estudar em bons livros sobre esses recursos é uma interessante atividade para a gestante, que poderá, mais tarde, usar esses fluidos para beneficiar também o bebê.

Temos estimulado a gestante a fazer sua energização junto à natureza. Além disso, ela poderia usar as técnicas de automassagem para se revitalizar. Quem estuda massagem oriental aprende sobre os pontos vitais do corpo chamados *chakras*, sobre os meridianos e verifica que esses pontos podem, estimulados pela massagem, ajudar a mudar um estado físico de pouca energia. Podemos acrescentar mais um motivo para aprender sobre isso: a massagem nas crianças pequenas, feita pela mãe, é excelente em vários problemas infantis, como as cólicas dos recém-nascidos, o sono desordenado e o nervosismo.

Os *fluidos vibrantes* são fluidos com uma carga maior de vibrações sutis, podendo atingir mais profundamente o homem. Além de beneficiar o corpo físico, eles são capazes de agir sobre o perispírito. A atuação dos fluidos sobre o perispírito é importante, porque é nesse corpo que se cria o molde dos futuros males orgânicos.

Como os anteriores, esses fluidos, para serem bem aplicados, exigem algum conhecimento sobre sua maneira de funcionar. Os males do corpo físico, antes de se manifestarem, já estão impressos no corpo perispiritual; daí a importância de corrigir nesse corpo as deficiências que ele apresentar.

Alguns exemplos de fluidos vibrantes: os raios de luz, as ondas sonoras, os aromas, os florais de Bach. Todos esse fluidos podem ser pesquisados e usados com muita facilidade, pois sua característica é que o uso deles não se limita a uma determinada classe de pessoas. Há profissionais que podem ajudar, mas quem estuda sozinho sobre eles muito rapidamente poderá entender como aplicá-los.

Entre esses fluidos encontra-se o *prana*, o fluido vital que é recebido através da respiração. É por isso que enfatizamos tanto a prática dos exercícios respiratórios. Ao respirar, a gestante se abastece de oxigênio, mas também recebe o *prana*, fluido de natureza divina. O oxigênio logo é consumido e precisa ser constantemente reposto, mas o *prana* pode ser armazenado em certas quantidades, para uso posterior. Num momento de tensão, de medo ou susto, muito *prana* é queimado. Se a pessoa está bem abastecida de *prana*, passa com mais facilidade pelos problemas; mas quando suas reservas estão esgotadas, ela se ressente e sua aura fica enfraquecida ou até danificada. Como a aura é a primeira defesa contra os ataques espirituais, é importante mantê-la sempre em boas condições, acumulando *prana*.

Os *fluidos divinos* são a mais sutil classe de fluidos e sua vibração é extremamente refinada. Sua atuação acontece nos três corpos: físico, perispiritual e espiritual. É a única dentre as três classes, que pode atingir plenamente a alma. À gestante, essa é a que mais interessa, principalmente porque esses fluidos são de muito fácil aplicação.

Aquele que conhece sua força espiritual torna-se um mestre na utilização dos fluidos divinos, já que, para aplicá-los, a condição essencial é ter fé na sua eficácia. Esses fluidos regeneram a alma, limpando-a de qualquer contaminação que exista, e sua aplicação precisa ser repetida por um certo tempo para apresentar resultados mais permanentes.

Os principais fluidos divinos são: a água fluidificada, a oração, os passes espirituais. Como auxiliares na defesa da alma, podemos usar a instrução dos espíritos, também chamada de doutrinamento, e a invocação de guias espirituais.

A futura mãe pode usar, de preferência, a oração e a água fluidificada, pois essas duas maneiras de receber fluidos divinos não apresentam dificuldade de espécie alguma. Os passes exigem um médium para realizá-los, e muitas vezes é preciso ir até uma casa espírita, o que pode ser difícil em alguns casos.

Durante a gestação evita-se o doutrinamento e a invocação de guias, exceto a do anjo da guarda da mãe e da criança. Mais tarde, durante o crescimento e a educação infantil, esses recursos podem estar indicados. Sua aplicação está bem orientada no último capítulo do livro.

Chegou a hora!

Depois dos nove meses é chegada a hora. Às vezes ela chega antes, outras vezes, passa um pouquinho do tempo. Cada mãe vai viver a maior emoção da sua vida ao pôr um filho no mundo, e isso não pode ser feito sem tornar o momento especial.

Uma conversa com o médico, sobre suas necessidades na hora

do parto, é interessante. O momento do nascimento é um choque para o espírito, pois nesse instante ele perde totalmente sua memória, que aos poucos estava sendo atrofiada. Há muita insegurança e sofrimento para a alma, podendo esse fator ser bastante diminuído pela proximidade física com a mãe.

Logo depois que sai do ventre materno, é interessante colocar a criança um pouco sobre o corpo da mãe, para que ela possa transmitir ao filho seu calor e energia. Em seguida, depois de se acalmar, a criança poderá ser limpa e vestida, voltando mais um pouco para perto da mãe. Mais tarde, ambas poderão repousar. Há hospitais em que esse procedimento vem sendo adotado, pois, quando se faz assim, as crianças choram menos no berçário.

A amamentação, além de ser uma grande defesa para a criança, é outra importante aproximação entre mãe e filho e é capaz de criar muita paz e harmonia no espírito que acabou de chegar.

A insegurança do espírito que acaba de nascer é afastada com facilidade pela proximidade da mãe. Nos primeiros dias, quanto mais aconchego, melhor. Os pais que, depois de voltar para casa, deixam as crianças recém-nascidas sob os cuidados de enfermeiras, que as trazem para o quarto da mãe só na hora de mamar, mais tarde sentirão da parte do filho algum tipo de afastamento ou carência afetiva.

Os prematuros que precisam ficar em tratamento intensivo podem ser ajudados pela mãe com visualização e preces. Sempre que a mãe puder chegar perto da criança prematura, deve reforçar para ela, com palavras e pensamentos, seu amor e acolhimento total.

As fases pré e pós-parto podem receber importante ajuda dos fluidos divinos, preparando uma boa hora de chegada. As preces feitas pela mãe favorecem sua condição física e estimulam a segurança de que terá assistência espiritual no instante em que a criança nascer. Também o esposo, os avós, outros parentes e amigos interessados podem ajudar com orações nesse momento.

O passe espiritual na criança recém-nascida é, de preferência, realizado pela própria mãe. Caso ela esteja dormindo no momento do parto, logo que acordar e puder estar junto do filho, fará o passe espiritual, com alguma prece. Para esse procedimento, a mãe coloca a mão sobre a criança e dirige, através do pensamento, fluidos espirituais para o espírito do bebê. Esses passes podem ser diários; eles estimulam o bom desenvolvimento físico e acalmam a alma, se ela ainda estiver desorientada.

As mães não precisam se preocupar com assédios espirituais quando as crianças são pequenas; por isso, as visitas, mesmo as feitas por pessoas menos espiritualizadas, serão bem-vindas. Uma criança pequena passa espontaneamente fluidos de boa qualidade para pessoas carentes deles, mas isso nunca será numa dose excessiva, pois numa visita não há tempo para que se esgote a criança.

As quatro semanas que precedem o parto poderão ser vividas com mais harmonia se a futura mãe se isolar um pouco das agitações excessivas. Nessa fase, para ela se sentir segura, é interessante fazer orações para estimular um bom parto e reforçar a confiança interior.

Qualquer ansiedade é passada para o bebê; por isso, a mãe precisa estar mais tranqüila ainda nos últimos dias da gravidez, se quer ter um bebê alegre e calmo. Com a vontade e a determinação de afastar pessoas e assuntos estressantes, esse momento final será, seguramente, feliz.

Vamos deixar algumas preces para vários assuntos que estão relacionados com a chegada do neném. As mães podem usar essas preces, mas também podem fazer uso daquelas que fazem parte da sua religião pessoal. As orações mais significativas costumam ser aquelas feitas com palavras que saem do coração; por isso, se tiver vontade de conversar com Deus, pode usar palavras suas também.

Oração para estimular a confiança da mãe
(para ser feita algumas semanas antes do parto)

Senhor, meu Pai celeste,
Estou vendo chegar a hora tão esperada
De receber meu filho.
Agradeço vosso amparo até aqui,
Fazendo com que eu e meu filho fiquemos protegidos.

Invoco a vossa guarda nestes momentos finais,
Afastando de mim a insegurança e o temor.
Meu Deus, sede a minha força,
Estendei vossa mão protetora sobre a vossa filha.
Obrigada, Senhor.
Em Vós confio.

Oração para o momento de ir para o hospital
(para o caso de haver insegurança)

Creio, Senhor, meu Pai, que minha criança
É um presente vosso para mim.
Agora que é chegado o momento de recebê-lo,
Estou ansiosa.
Peço-vos que me acompanheis neste instante,
Que me acalmeis e protejais.
Em vossas mãos coloco, meu Deus, confiantemente,
o nosso destino.

Oração de agradecimento pelo nascimento do filho
(para depois do parto)

Agradeço, meu Pai, por me haverdes confiado esta alma.
Agradeço, também, por haverdes traçado para ela
Um plano perfeito de evolução.
Sei que vosso amor ilimitado irá protegê-la sempre.
Peço-vos que possamos, meu filho e eu, crescer
Sob as vossas bênçãos.
Como sempre, Senhor, atendestes as minhas súplicas.
Obrigada.
Acredito em meu filho,
Acredito em mim,
Acredito em Vós.

Oração para as dificuldades do nascimento
(para o caso de haver complicações no parto)

Senhor, sei que as dificuldades purificam e que a dor
É só uma fase no processo do crescimento interior.
Contudo, minhas forças precisam do reforço
Que apenas Tu me podes dar!
Acode tua filha, não me deixes sem o teu amparo!
Imploro que abras as portas e faças surgir o sol,
Pois minha vontade, apenas, é pouca.
Confiante, espero por Ti, meu Deus,
Minha luz, minha esperança.

Quando o pai falta

Nem todas as mães podem ter a graça de estar à espera do filho e viver sua chegada partilhando essa alegria ao lado de um companheiro. Mesmo quando não há com quem dividir a felicidade, pode haver na futura mãe muita confiança na sua capacidade de ter e de educar o filho, pois as mulheres são naturalmente dotadas de força suficiente para suprir a falta de um pai. O inverso, o pai receber e criar um filho, sozinho, desde o primeiro momento, é quase impossível de acontecer.

Nunca duvide de ser capaz dessa missão dupla. Não há uma missão designada pelo mundo espiritual que seja dada a quem não tenha a capacidade para realizá-la.

A mãe que está só, enfrentando o mundo ao lado de sua prole, é protegida duplamente pelo mundo espiritual. Ela receberá amparo nos momentos de dúvida, apoio nas horas de dificuldades materiais, bênçãos inesperadas nos instantes de desânimo.

Se você não tem um companheiro para repartir as alegrias e dores da educação de seu filho, faça da fé em Deus o seu apoio constante, consagre ao Pai Divino a sua criança e confie na sua providência material e espiritual.

Jamais dê ao seu filho, ou a você mesma, a desculpa de que algo está errado por causa da falta do pai. Tudo pode ter ficado mais difícil, mas pense se não seria o mesmo, caso ele estivesse com vocês. Essa resposta depende muito da espécie de pai que ele seria, não é?

As dificuldades da mãe sem companheiro são compensadas por Deus com um progresso espiritual duplo, pois além da missão ela tem a expiação.

Há mães que têm um companheiro, mas é quase como se não o tivessem, uma vez que ele se mostra pouco interessado pela paternidade. Também nesse caso, é perda de energia ficar se lastimando de uma má sorte. Os problemas diminuem sempre que são enfrentados com disposição. Diante de uma dura realidade, o mais sábio é usar os recursos pessoais para sair dela, em vez de ficar se lamentando e esperando que o outro mude.

A essas mães, a minha compreensão, o meu amor e admiração. Eu as encontro sempre, na minha casa de atendimento. Parecem aflitas e inseguras, mas, no fundo, suas reservas são inesgotáveis e elas cumprem o seu destino com uma dignidade imensa.

Terceira Parte
A EDUCAÇÃO DO ESPÍRITO

Quando os pais educam uma criança, precisam ter sempre em mente que seu filho é dotado de um espírito independente. A educação que se destina ao espírito é correta quando satisfaz as necessidades evolutivas da alma. Os pais são orientadores, modelos de conduta e facilitadores do progresso do espírito ao qual têm a missão de dar apoio.

Selecionamos vários temas que estão relacionados com a educação do espírito para compor esta parte do livro. Esses temas nos parecem ser prioridades às quais todos os pais deveriam dar bastante atenção. Eles constituem a obrigação de cada educador, que precisa transmitir, durante os anos de formação do filho, tais valores.

Respeitar o espírito

A primeira noção importante para a mãe, e para o pai também, é que ambos estão encarregados de dirigir o processo evolutivo do filho, permitindo que ele chegue à vida adulta com valores morais consistentes. Isto é, a criança precisa ser informada sobre o que é positivo e o que é negativo, para poder fazer suas opções, mais tarde, com consciência.

Nesse processo, todo pai erra. Isso não tem jeito, vai errar mesmo e, se não o fizesse, não estaria aqui com alguma finalidade evolutiva. Os pais também são espíritos em processo de evolução e, portanto, imperfeitos. Quando um pai se equivoca na educação do filho, ele tem, em algum momento, mais adiante, a oportunidade de perceber que errou. Havendo arrependimento, pode-se seguir um pedido de desculpas ao filho, com uma conversa esclarecedora. Quando o erro é devido à falta de conhecimento, ele naturalmente é perdoado; mas, se há consciência do erro, com repetição, os acúmulos negativos serão graves para a alma do pai ou da mãe.

Os pais precisam sempre lembrar que estão encarregados de um espírito e que essa alma se encontra num estágio de evolução que pode até ser superior ao seu próprio estágio evolutivo. Deve haver muito respeito pelas deficiências e capacidades que o filho apresente, com estímulo conveniente para que ele possa expressar suas potencialidades. Tentar torná-lo uma cópia de si próprio é um erro muito comum em pais que são até extremamente bem-intencionados.

Quando os pais permitem que o filho tenha liberdade de expressão, seu espírito começará muito cedo a manifestar sua verdadeira natureza. Ele demonstrará suas boas e suas más tendências, permitindo que os pais o orientem, corrigindo bem cedo as más qualidades e estimulando a manifestação das boas qualidades da alma.

Isso é respeito pelo filho, isso é aceitação dele como um espírito independente. Mas isso não deve ser confundido com condescendência e permissividade, pois não é nada disso. Os filhos esperam dos pais firmeza e orientação segura, sem muitos altos e baixos. Os pais vacilantes, que voltam rapidamente atrás nas duas decisões ao menor sinal de pressão ou oposição dos filhos, perdem sua força.

Há necessidade de uniformidade na direção da educação. Nisso os pais precisam entender-se. Qualquer criança aprende depressa qual dos genitores é mais fácil de manobrar e forçam os limites com esse pai, o bonzinho. Pai e mãe devem discutir, sem a presença dos filhos, como será a atitude do casal, agindo ambos da mesma maneira. A decisão tomada por um, mesmo que errada, só pode ser corrigida por ele mesmo, senão sua força será contestada com freqüência. Nada pior do que um pai dar uma ordem e o outro mudá-la.

Cada pai tem um modelo de educação que está estruturado na

sua própria educação. Ele sabe educar, em primeiro lugar, usando como molde o tipo de educação que recebeu. Toda vez que se vê numa situação em que não sabe como proceder com um filho, pensa imediatamente: "Como é que meus pais faziam numa hora dessas?" Por isso, pais que foram educados por pais autoritários, quase com certeza serão autoritários com seus filhos. Mas não tem que ser necessariamente assim.

Pais que desejam crescer espiritualmente estudam e aprendem uma forma de se tornarem melhores pais. Procuram apoio e orientação profissional nos momentos em que estão desorientados, sabendo ser humildes em suas deficiências e modestos na sua sabedoria. Eles colocam o modelo de educação que tiveram numa balança, pesando pontos positivos e negativos. Ao aparecer uma situação nova, param para pensar e analisar o problema, considerando não só a sua impressão pessoal, mas avaliando como serão para a criança os reflexos de suas atitudes.

Esse respeito pelos sentimentos do filho em relação às obrigações que os pais lhe dão cria uma preocupação em conversar e ouvir a criança, para receber dela suas impressões.

As atitudes de respeito que os pais têm para com seus filhos se refletem nas atitudes que estes, posteriormente, terão para com seus pais. O pai que respeita o filho, receberá dele respeito mais tarde. O pai que, ao contrário, desrespeita as necessidades e os sentimentos do seu filho, terá algum dia igual tratamento da parte dele.

Numa família, o respeito e a gentileza precisam ser constantes, pois há grande facilidade no relacionamento entre todos, quando existe uma consideração por aquilo que cada um sente e precisa. Forçar um comportamento no filho, quando ele está relutante, produz um conflito íntimo que em algum momento terá que se manifestar. E a manifestação geralmente é violenta, pois é gerada pela revolta devida ao fato de ter o seu lado sido desconsiderado.

O mais correto é gastar tempo dando motivos e explicações do porquê das coisas. Cansa? Com certeza. Em alguns momentos é até exaustivo, mas não pode ser de outro modo. Como alguém pode exigir que seus pontos de vista sejam escutados, quando ele próprio não escuta os pontos de vista do outro?

Educar não é limitar, mas implica mostrar que os limites existem. Um pai que ensina ao filho, com amor, como evoluir em espírito, e lhe dá uma educação para sobreviver materialmente, fez seu trabalho missionário com louvor. Mas ele pode acrescentar à educação um pouco de leveza e alegria, mostrando ao filho que a vida foi dada por Deus ao homem também para que ele seja feliz. O aprendizado do prazer de viver protege mais do que muitas leis morais.

Atendimento da parte material

Aos pais não cabe apenas zelar pelo espírito do filho, mas também a grande obrigação de atender às necessidades materiais, para que a sua vida física tenha condições de se desenvolver. A saúde da criança depende dos cuidados dos pais. O desenvolvimento da sua mente também.

A educação que a criança receberá na escola é fundamental para que sua mente se desenvolva e aproveite ao máximo suas capacidades. Mas a atenção com a mente pode ser iniciada quando a criança ainda é bem pequena. A mãe tem mais tempo que o pai para estimular o desenvolvimento mental do filho com vários recursos simples. O primeiro deles, que já comentamos, é conversar com a criança, falando muito com ela durante o dia.

Outra forma de ajudar o filho a ter sua inteligência estimulada é brincar com a criança. Os brinquedos didáticos são muito interessantes, mas há excelentes brinquedos que mãe e filho podem fazer juntos, o que já é uma forma de estar brincando. Aprendendo a aproveitar caixas, tampas, latinhas e outras embalagens, mãe e filho podem fazer vários brinquedos interessantes. Esses brinquedos estimulam a criatividade e a coordenação motora da criança. E eles pedem apenas uma coisa: tempo do pai para estar junto, fazendo e usando o brinquedo.

De algum tempo para cá ouve-se falar muito que o que importa não é o tempo que os pais passam com o filho, mas a qualidade da atenção que lhes dão quando podem. Nunca consegui concordar com isso, pois a evolução da criança é acelerada e constante, podendo ser de muito melhor qualidade quando a convivência com um dos pais for intensa. Acho que tempo para estar juntos, partilhando refeições, cuidados, passeios e brincadeiras diárias é fundamental.

Depois da fase das brincadeiras, chega a hora de ir à escola, uma época sempre crítica, pois a criança vai entrar em contato com outras maneiras de aprender. Esta é uma fase delicada, porque é preciso que haja muita harmonia entre a educação escolar e o tipo de educação que a criança recebeu em casa. Na escolha da primeira escolinha é preciso muito cuidado, pois uma impressão boa ou má pode ficar para toda a vida, refletindo-se na postura que a criança terá frente ao estudo pela vida afora. Se ela detestar a primeira escola, sua ambientação nas próximas escolas será sempre um pouco mais difícil.

A saúde da criança é também uma responsabilidade dos pais, que não podem deixar de atender ao bem-estar físico do filho. As vacinas são uma necessidade da qual nenhum pai pode descuidar-se, uma vez que muitas doenças que deixam marcas para uma vida inteira podem ser evitadas pela vacinação.

Na questão da saúde temos que entrar em contato com a educação alimentar. O corpo é formado por aquilo que o alimenta. Sabemos que o tipo de dieta usada influi na constituição física e, em conseqüência, nos estados da mente. Uma dieta com muito açúcar, por exemplo, pode determinar uma mente lerda e preguiçosa, gerando para o espírito dificuldades no desenvolvimento das suas potencialidades.

Aquilo que a criança se habitua a comer será, por toda a sua vida, a comida que mais apreciará. É a comidinha da mamãe, de que a criança mais gostava, que vai ser a preferida do homem adulto. A mãe pode, através da alimentação, definir o tipo de mente que seu filho desenvolverá. Criança gorda não é sinônimo de criança saudável.

O primeiro alimento que toda criança deveria ter, por um bom período, é o leite materno. Ele previne doenças, pois dá defesas excepcionais ao bebê. Tem também todos os nutrientes necessários para o crescimento infantil. Na época da amamentação, é a alimentação da mãe que irá definir a qualidade do seu leite; por isso, ela deve ser a primeira a ser bem cuidada.

Mais tarde, o cuidado está em variar a alimentação do filho, ensinando-o a comer vários tipos de alimentos, e quanto mais naturais, melhor. Evitar os doces em excesso, pois eles produzem uma energia artificial. São nocivas as gorduras, que se acumulam durante toda a vida nos tecidos e no sistema circulatório, gerando doenças e morte prematura. Os estimulantes, como o café, produzem danos ao sistema nervoso. Os alimentos industrializados são cheios de conservantes químicos que podem acumular-se no organismo, gerando até o câncer. A carne em excesso produz gases e, como sua digestão é demorada, fica apodrecendo dentro do corpo.

As bebidas alcoólicas criam dependência orgânica e são uma das maneiras de alterar o estado de consciência da pessoa, deixando-a exposta a todo tipo de energia espiritual negativa. Todo alcoólatra termina por se tornar vítima de obsessores espirituais. Aos pais cabe uma atenta observação das tendências do filho à bebida alcoólica, prevenindo problemas futuros.

Educar pelo exemplo

Sempre que alguém tem que tomar uma atitude num campo novo no qual não sabe o que fazer, vai procurar ter como base quem sabe mais do que ele. Na conduta moral também é assim. Um homem tem os pais como espelho: está na maneira como eles fazem as coisas a melhor educação que podem dar ao filho. Pais impacientes, irritadiços, que não medem palavras negativas, invejosos, egoístas e com qualquer outro tipo de negatividade terão, com certeza, filhos muito parecidos.

A mãe e o pai são imitados pelos filhos, pois eles precisam ter um modelo para seguir. A maneira mais fácil de educar é, portanto, dar o exemplo. Para isso, os pais precisam policiar seus atos e suas palavras, constantemente, melhorando no que puderem. Como tudo o que envolve mudanças internas, esse é um trabalho que pode ser cansativo, mas precisa ser feito.

No meu trabalho de atendimento, acompanho a vida de várias famílias durante anos, podendo perceber como é real o papel de espelho desempenhado pelos pais. Por exemplo, numa família muito humilde, que conheço há muitos anos, o pai, alcoólatra, sempre bateu na mãe. Durante anos os filhos sentiram muita revolta, mas nada podiam fazer. O mais velho deles, na época de servir o Exército, pediu para ir para longe de casa, só para não ver mais as cenas de espancamento da mãe. Anos depois, ao se casar, esse mesmo rapaz passou a agredir fisicamente a mulher cada vez que ela o contrariava. Conversando com ele, disse-me que só agora entendia por que o pai batia na mãe, que essa era a única maneira de se fazer uma mulher obedecer. Viram como o papel de espelho é forte? Esse moço, ao ter que lidar com uma dificuldade de relacionamento com a esposa, em vez de tentar sair dela com uma solução sua, mirou-se naquilo que antes via o pai fazer, apesar de ser um procedimento negativo, mas que dava algum resultado. Ele não parou para pensar na dor e humilhação que agora estava impondo à esposa, semelhante às que sua mãe vivera, mas preferiu seguir com um modo de proceder que resolvia seu problema, que era fazer se obedecer, no caso.

Cada ato que um dos pais realiza é observado e registrado pela criança. Nunca pense que um filho é pequeno demais para perceber as coisas. As crianças vêem e registram tudo. Ainda que a maior parte das observações permaneça no inconsciente, algum dia poderá servir de molde para alguma atitude. Os bons exemplos dados pelos pais geram comportamentos positivos; os maus exemplos originam atitudes negativas.

Na questão das conversas entre pais e filhos, é o mesmo. Alguns pais de crianças pequenas não gostam muito de conversar com elas, pois acham isso cansativo ou entediante. Outros adquirem o vício de fingir que estão escutando, mas não participam estimulando o diálogo. Mais tarde, quando chega a adolescência, esses pais se assustam quando desejam conversar com os filhos sobre temas importantes, como sexo e drogas, e não conseguem fazer o assunto ir adiante. Os filhos fazem o mesmo que viam os pais fazerem: ou fogem da conversa, ou fingem escutar e escapam logo que podem.

Se você quiser aproveitar bastante as conversas com seu filho, pare tudo o que estiver fazendo cada vez que ele vier falar com você. Dê atenção genuína sempre que possível. Caso seja de todo impossível deixar o que está fazendo, peça licença, como faria com um adulto, e logo que puder vá atrás dele perguntar o que ele queria.

Quando a comunicação entre pais e filhos é cortada, é uma das coisas mais difíceis de ser retomada. Cria-se um hiato quase impossível de reverter, pois há outros fatores que começam a aumentar o distanciamento, como a diferença das gerações, a influência das amizades e o desinteresse dos filhos pelo que você pensa.

Como funciona no plano espiritual a importância dos exemplos? Ela se evidencia primeiro na melhoria dos pais, que precisam progredir, para realizar sua missão, depois, com mais resultados. Exemplos negativos são dados por emoções descontroladas, tais como a livre expressão da raiva, do ciúme, da violência, da inveja, do autoritarismo, da insegurança, da falta de fé, do desrespeito às vontades alheias. Exemplos positivos estão presentes na paciência, nos atos de caridade, na expressão da justiça em todos os momentos, na atitude respeitosa para com as necessidades do semelhante, na perseverança, no trabalho.

Pais que dão exemplos negativos ou são fracos, com poucas atitudes positivas nas quais o filho possa espelhar-se, abrem espaço para que ele vá buscar outros modelos de conduta. E aí chega a oportunidade de os inimigos espirituais agirem, enviando para perto do jovem as más companhias, que ele passa a imitar.

Quem tem filhos envolvidos com amigos negativos não precisa preocupar-se muito, caso tenha sido um modelo de conduta forte e positivo. O rapaz ou moça que teve um espelho positivo pode permanecer algum tempo rodeado por amigos negativos, mas logo percebe que os valores deles não são bons, afastando-se e voltando às posições que sempre teve como exemplo.

Contudo, o jovem que teve modelos de conduta nocivos ou fracos pode envolver-se definitivamente com amizades negativas, das quais passa a extrair um molde nos exemplos de comportamento. Nesse caso, há muita dificuldade em reverter o processo de mudança de valores que se efetuará, pois ele não os tinha fortes na alma.

Dar exemplos de fé

A fé, como a esperança e a caridade, é um dom para muitos espíritos, que já nascem com ela, mas também pode ser ensinada. A melhor maneira de ensinar a fé é pelo exemplo. Demonstrar fé e ligação com Deus, através das atitudes e palavras, é dar ao filho uma base para ele saber como se conduzir frente ao que é divino na sua própria natureza. O homem que acredita nas obras de Deus consegue ver que ele próprio é uma parcela da criação divina, respeitando a si mesmo como algo sagrado.

Quem não tem fé termina por menosprezar a vida, desfazendo até de si mesmo. Um homem que vê em si uma ligação com Deus não consegue entregar-se ao vício, pois não abre suas defesas espirituais. Ele não pensa nunca que sua vida é sem sentido, chegando a desesperar diante dos problemas sérios. Aquele que tem fé sabe que na hora da dificuldade está sendo experimentado por Deus, ficando firme como uma rocha, confiante em que as adversidades são passageiras.

Uma vida com fé não precisa ser sinônimo de vida religiosa. Há pessoas que não seguem uma religião, mas têm uma fé viva e forte, que a conduz pela vida afora nos caminhos do bem.

Os pais que possuem uma fé religiosa devem transmitir aos filhos sua crença, pois a religião cria uma defesa importante para a alma. Os ensinamentos religiosos não podem ser impostos; precisam ser conduzidos através do exemplo da vida religiosa dos pais, dentro da qual os filhos naturalmente encontram, com sua participação, uma continuidade.

Pais que não seguem uma religião podem ensinar aos filhos a fé em Deus, com exemplos alicerçados em atitudes tais como orar e invocar a Deus na hora das dificuldades. Uma demonstração de fé vale mais do que uma aula de educação religiosa.

Em qualquer religião os fiéis oram. Qualquer homem de fé que não segue uma religião também reza. Como nosso livro não está voltado para pais de uma determinada crença religiosa, mas para pais que acreditam no mundo espiritual e na sua interferência na vida humana, só podemos aconselhar que ensinem aos filhos que a fé é a crença na existência de Deus e que a melhor maneira de se ligar a Ele é fazer uma oração.

Imagine seu filho num momento de grande sofrimento, já homem maduro, sem ter a quem recorrer para sentir amparo frente à situação angustiante que vive. Você não pode ajudá-lo, pois já não está na Terra, ele não tem uma companheira nem filhos que o escutem, muito menos amigos verdadeiros. A quem esse filho poderia pedir socorro? Uma pessoa, numa situação dessas, vai fazer aquilo que via a mãe fazer nas horas de aflição. Se ele via que ela conversava com Deus, orando, ou ia à igreja, fará o mesmo. Outro homem, sem um exemplo de fé para imitar, pensaria em se matar.

A fé se aprende com os pais, com ou sem a extensão dos ensinamentos religiosos. E ela será o socorro dos filhos nas horas difíceis; por isso, inclua entre suas obrigações como pai mais essa.

Vamos deixar algumas orações para os pais ensinarem aos filhos pequenos como falar com Deus.

Oração de Agradecimento

Senhor, meu Deus,
Agradeço pela vida que tenho.
Sou feliz em poder toda manhã
Ouvir os passarinhos cantando.
Tenho a bênção de poder fazer refeições

Quando tenho fome
Meu corpo pode rep
Cada vez que está ter
Agradeço também po
Obrigado, Senhor, me

Oração para pedir pro

Meu Pai, que está no cé
Peço que cuide de mim,
Pois vou sair de casa.
Acompanhe meus passos,
Guiando meu caminho.
Peço também que me traga
Em segurança, para casa.

Oração para obter sucesso nos estudos

Senhor, meu Pai celeste,
Agora preciso de sua ajuda para estudar.
Algumas matérias que a professora ensina
Parecem difíceis.
Peço que clareie minha mente na hora
Em que ela estiver ensinando,
Para eu aprender tudo com facilidade.
Obrigado pela força que me dá.

Oração para os momentos de dificuldade

Meu Deus, minha luz divina,
Quantas dificuldades estou vivendo!
Acho que sozinho não tenho forças
Para passar por elas,
Peço sua ajuda com urgência.
Senhor, com a sua presença ao meu lado,
Já me sinto mais forte e confiante.
Agora sei que vou vencer.
Obrigado!

...disciplina

... em disciplina, pensamos num quartel, onde os ... enfileirados, obedecem ao comando de um sargen... grita ordens, às quais devem obedecer sem vacilar. E é ...ia de disciplina que a maior parte dos pais tem. Eles acredi... que disciplinar um filho é ensiná-lo a obedecer ordens. Até mes...o pais mais informados, que usam procedimentos menos duros, possuem a mesma idéia de que disciplinar é usar algum recurso para fazer um filho se tornar obediente.

A disciplina é algo bem diferente: não atende a vantagens para o educador, ela serve para o futuro do jovem. E é isso que ele precisa compreender, pois quando o fizer, a disciplina será apenas uma conseqüência. Um homem disciplinado produz mais em seu trabalho, vence os obstáculos com determinação, ultrapassa seus limites pela perseverança.

Disciplina não é rigidez, não é imposição, mas é uma firmeza de objetivos. Ela vem em decorrência da compreensão do ritmo pessoal e é criada com base nele. Para ficar mais claro, vamos dar um exemplo. Um pai conversa com o filho, explicando que é muito importante para uma criança aprender a nadar, pois isso, algum dia, poderá salvar sua vida. Sugere, então, uma aula de natação para que o aprendizado comece. Quando a criança concorda em ir aprender a nadar, o pai explica que vai pagar a matrícula, comprar o material pedido e organizar seu horário para poder levar o filho à aula, sendo, portanto, algo que não se pode parar no meio. O pai deixa bem claro que, uma vez iniciadas as aulas, não há como desistir até que o ano termine. A criança pode concordar ou não, depois dessas considerações. O pai diz que, se ela quiser desistir, ainda é tempo. Uma vez que tudo foi acertado, o pai dá início às aulas e, a partir daí, o filho não poderá mais parar, pois isso não lhe será permitido.

A disciplina se aprende durante os atos mais simples do dia-a-dia. Ela inclui a participação nos trabalhos domésticos. Mesmo a menor criança da família pode ter algumas responsabilidades definidas dentro do esquema da casa, como dar água para o cachorro, colocar sua roupa usada no cesto da roupa para lavar, levar um copo sujo para a pia, recolher seus brinquedos depois de usá-los.

Outra maneira de demonstrar disciplina é ser pontual. Vemos que as pessoas dão pouca atenção à pontualidade em nosso país. A falta de respeito aos horários é uma característica de pessoas pouco evoluídas. Uma nação na qual as pessoas não conseguem sequer respeitar a hora de fazer as coisas não poderá nunca considerar-se um país forte. E é tão fácil fazer com que a pontualidade prevaleça! Nos cursos que ministro e nas minhas consultas, sou bastante pontual, pois considero que começar uma aula ou uma consulta fora do horário é desrespeitar quem chega na hora. De início, muitas pessoas se atrasavam, certas de que, como em todo lugar, iriam sair fora do horário. Quando perceberam que, se vinham tarde para a consulta, ela ficava menor e, se chegavam depois da hora marcada para a aula, ela já havia começado, passaram a ser pontuais. Minhas consultas e aulas começam na hora marcada e agora todos sabem disso. Nós podemos mudar as condições existentes ao nosso redor através da mudança que fazemos naquilo que é possível, que está dentro da nossa realidade.

Outra disciplina para a criança aprender está relacionada com a alimentação. Quem come fora de hora e escolhe todos os dias apenas o alimento de que mais gosta para colocar no prato está indisciplinado também. Não se pode forçar a criança a comer algo que lhe provoque náuseas, mas também não se pode permitir que sua dieta se limite exclusivamente a certos alimentos prediletos. A família tem seus hábitos alimentares e a criança precisa habituar-se a comer um pouco de tudo que é servido à mesa. Como em tudo o mais, o exemplo dos pais é importante.

A disciplina no estudo não é difícil de ser conseguida. Os pais podem organizar com a criança um horário de estudo em casa, quando ficarão perto do filho, dando as orientações de que ele necessitar. Não vão fazer com ele a tarefa, mas ficarão disponíveis para dar assistência. A brincadeira e a televisão ficam sempre para depois da obrigação das tarefas escolares.

Como fator de defesa espiritual, a disciplina é primordial. Uma pessoa organizada tem tempo para si mesma, pois não vive correndo atrás de coisas que já deveriam estar prontas. Na defesa espiritual, a disciplina permite espaço para crescer através de atividades puramente prazerosas para o espírito, como a prece, a meditação, as leituras, a arte, o esporte.

O desperdício é um problema para a sociedade atual, que esgota seus recursos naturais com uma produção industrial intensa. Por isso, também faz parte da educação disciplinar os hábitos de desperdício que os filhos apresentem. Não há necessidade de estar consumindo tanto, com coisas que logo são jogadas fora uma vez que o interesse por elas passa. Também não se deve permitir que a criança esbanje água, luz elétrica, comida, plástico e papel. Antes de ressaltar a despesa que o desperdício provoca, deve-se acentuar que ele exaure a natureza, esgotando os presentes que ela tem, em quantidade limitada, para oferecer ao homem. E há outro fator que também é importante: o que desperdiçamos aqui pode estar, ali adiante, fazendo muita falta para o nosso semelhante.

Disciplinar não é, portanto, enquadrar ou reprimir, mas sim mostrar ao filho que, com atitudes organizadas, sua vida, e também a daqueles que com ele convivem, terá facilidades e fluirá com mais ritmo.

O controle dos atos, pensamentos, sentimentos e palavras

Junto com o aprendizado da disciplina, vem o do autocontrole. Um homem precisa saber como se conduzir na vida limitando a expressão dos seus pensamentos e sentimentos, pois há muitos deles que são negativos e o levariam a um estado de estagnação evolutiva.

Sabemos que é impossível evitar que um pensamento ou sentimento nos venha à mente, pois ele pode fazer parte da nossa natureza, ainda imperfeita. Se um pensamento negativo nos vem e ainda não está expresso em palavras ou atos, no primeiro momento ele é apenas uma manifestação mental. O mesmo se dá com um sentimento negativo que nasce de determinada situação. O espírito disciplinado aprende a interromper o processo de invasão da negatividade na alma, nesse momento, enquanto ainda não há efeito, quando é apenas uma produção da mente. Um pensamento negativo não tem que se expressar em atos negativos ou palavras nocivas. Ele pode ser cortado na sua fonte: a mente.

Só depois que se consegue vencer a primeira etapa, ou seja, o reflexo descontrolado dos sentimentos e pensamentos, manifestado por atos e palavras ruins, é que podemos partir para uma ambição maior, que é cortar a vinda do pensamento ou do sentimento negativo.

Vamos exemplificar. Imagine que viu seu colega de trabalho receber uma promoção e ele agora passa a ser seu chefe imediato, posto que, considerando-se o tempo de serviço, deveria ser seu. Em vez de pensar nos motivos para haver acontecido isso, você desenvolve sentimentos de inveja e rancor contra o colega. O homem disciplinado, com ambições evolutivas para sua alma, trabalha esses sentimentos, com disciplina e autocontrole, até eliminá-los de seu espírito. Ele sabe que, se deixar que a inveja e o rancor se alojem, o perispírito e o espírito serão lesados. Um homem mais evoluído nem teria esses sentimentos: analisaria a situação e encontraria uma resposta positiva para sua perda, que poderia ser desde sua falta de competência para o cargo até uma questão de predileção pessoal da direção da empresa. O homem espiritualmente menos evoluído não pára para fazer nenhuma análise, manifestando com atitudes e palavras negativas sua frustração, agredindo aquele que julga responsável por sua contrariedade – nesse caso, o novo chefe.

Podemos perceber, nesse exemplo, três tipos de reações diferentes, correspondendo a três níveis de evolução espiritual:

1. *O mais evoluído*: não manifesta pensamentos ou sentimentos negativos; por isso, suas atitudes e palavras não refletem nenhuma negatividade. Busca as razões e, se encontra alguma, faz correções. Esse não contamina a própria alma.

2. *O de evolução intermediária*: tem pensamentos ou sentimentos negativos, cuja origem investiga e aos quais sabe controlar, trabalhando para eliminá-los de seu espírito, onde sabe que eles deixariam marcas.

3. *O menos evoluído*: tem pensamentos ou sentimentos negativos, que não controla, age por instinto, deixando que seus atos e palavras passem a refletir muita negatividade. Esse contamina sua alma.

Você pode ter uma boa idéia do estágio de evolução da sua alma fazendo uma análise de como procederia numa situação desse tipo. E também pode perceber em que nível evolutivo está o seu filho, pelas reações que ele apresenta quando contrariado.

O trabalho do pai é ensinar ao filho que um pensamento ou sentimento negativo gera atos equivocados e palavras nocivas. E que toda negatividade expressa de maneira livre, sem controle, gera uma lesão na alma, cuja gravidade depende da extensão do mal causado. Quando se aprende que a negatividade é um veneno que se volta contra quem a produziu, fica mais fácil controlar suas manifestações. Afinal, ninguém deseja tomar um veneno, não é?

Mas temos que pensar em como fazer isso na prática. O educador deve estar sempre muito alerta para seus exemplos. Se o pai reage com um palavrão quando alguém o incomoda, mais tarde vai ficar difícil ensinar ao filho que não deve usar as palavras para agredir. Se a mãe fica fazendo fofocas com uma vizinha sobre outra vizinha, torna-se impossível, mais tarde, exigir que o filho não venha fazer intrigas sobre o irmão. Deve-se, então, pensar sempre em dar primeiro bons exemplos no que se faz.

Em seguida, deve-se conversar e ajudar a criança cada vez que ela manifestar uma emoção negativa, fazendo com que ela crie o hábito de analisar suas reações primeiro, pesquisando sua origem; só depois pode-se pensar em fazer com que a criança aprenda a controlá-las.

Por exemplo, sua filha mais velha quebrou de propósito a boneca da irmãzinha mais nova. Em vez de castigá-la imediatamente sente-se com ela para conversar sobre o que a menina sentia quando quebrou a boneca. Talvez você descubra que ela estava com inveja por não ter recebido uma boneca igual de presente. Explique a ela que a inveja é uma emoção negativa, que atua no corpinho dela como um veneno. E que é pior ainda quando ela produz um mal para alguém, levada por esse sentimento tão ruim. Diga para ela que não é um crime sentir inveja, que não depende dela, totalmente, ter força para impedir esse sentimento de vir, mas que ela precisa lutar para evitar o que a inveja a leva a fazer. Diga também que é de sua responsabilidade o que fez e, por isso, terá que assumir a conseqüência de seu ato, repondo o dano causado, de alguma maneira.

Esse trabalho de aprimoramento, com explicações e conversas, funciona na idade em que a criança é pequena. Não deixe para pensar nisso quando chegar a adolescência, pois hábitos arraigados serão mais difíceis de serem corrigidos. O adolescente só muda naquilo que quer, que é sempre, de preferência, o oposto daquilo que os pais querem, pois ele, nessa fase, precisa construir identidade própria.

Quando você errar, converse com o filho, mostrando sua vontade de promover o controle da sua própria negatividade. Faça efetivamente mudanças na sua maneira de agir, dando uma demonstração viva de que é sempre possível corrigir e mudar.

O controle do desejo

Os pensamentos e sentimentos, muitas vezes, são gerados por desejos. Quando o desejo é algo com fundamento, ele pode ser um impulso realizador que motiva a pessoa a conseguir resultados na vida prática. Pode ocorrer também que o desejo expresse uma vontade superior da alma, que usa o recurso de despertar no homem um anseio de melhorar, que o impulsiona a obter avanços espirituais.

Existem, por outro lado, ambições injustificáveis ou desmedidas, que só atrasam o progresso. Essas ambições estão relacionadas com as posses materiais e o poder. Viver desejando alcançar metas materiais cada vez maiores é perder energia que poderia estar sendo aproveitada para atingir objetivos mais importantes. É claro que se precisa de uma base material na vida, uma vez que se tem um corpo material que precisa repousar, ser vestido e comer com certo conforto. Mas estar sempre atrás de mais é perder um tempo que deveria ser dedicado ao crescimento espiritual.

Pior do que as ambições materiais sem controle é o desejo de poder que certas pessoas desenvolvem. Para elas, é essencial mandar, manipular, dirigir. Tanto o excesso de desejos materiais como a busca incessante do poder são desejos descontrolados e nocivos ao espírito.

Como saber quando um desejo é negativo? Qual seria a medida para fazer essa avaliação? Podemos sugerir que, antes de agir motivada por um desejo interno, a pessoa faça primeiro uma análise simples, verificando se, com a realização do seu desejo, alguém sairia prejudicado ou sofreria qualquer interferência negativa. Analise também se, para que o desejo se concretize, é preciso interromper sua evolução espiritual, indo contra o que sua alma sabe que é certo. Por último, verifique se o que será realizado estaria criando dívidas cármicas, através da mudança do destino de alguma pessoa afetada negativamente, em seu caminho evolutivo, pelas conseqüências de seus atos.

Pode-se concluir que a questão do controle dos desejos é muito decisiva para o progresso do espírito, sendo uma tarefa dos pais ensiná-la aos filhos. Vamos ver como fazer isso.

Toda criança vê e, em seguida, pede coisas de cuja utilidade não tem noção. Quando um pai atende a todos os pedidos do filho, além de deixá-lo indisciplinado, estimula nele o desejo descontrolado pelas posses materiais. Educar o desejo de uma maneira simples é dar o necessário, sem deixar de atender às necessidades de alegria da vida, mas nunca cedendo à satisfação dos desejos fúteis que o filho apresente. Ele precisa, também, aprender que, para possuir alguma coisa, terá primeiro que trabalhar para merecê-la. Um filho trabalha cumprindo suas obrigações dentro de casa e estudando, pois esse é o trabalho de um jovem.

O desejo de poder, por sua vez, mais sutil, aparece um pouco mais tarde e exige igual preocupação dos pais. Esse desejo, se o deixarmos crescer sem limites, acaba gerando personalidades como a do ditador que leva seu país à guerra, da mulher que precisa estar brilhando em colunas sociais, do conquistador que quer todas as mulheres que vê. Aquele que ambiciona o poder quer aparecer e ser admirado pela sua imagem, não pelo que realmente é, pois quase sempre tem pouco conteúdo espiritual. Quantos pais falham na sua missão, estimulando os filhos a desejarem o poder, causando-lhes, dessa forma, danos e atrasos ao espírito e podendo vir a pagar mais tarde, no mundo espiritual, por isso.

Há pais que tentam alcançar, através dos filhos, aquilo que acreditam que seria o máximo obter, induzindo a criança a comportamentos que só atrasam a sua evolução. Crianças educadas por pais assim manifestarão desejos que são, muitas vezes, contrários aos da sua própria natureza.

O desejo de poder é a satisfação do ego levada a um descontrole total, enquanto o desejo de posse é uma ânsia de nutrição mal-orientada.

Outros desejos negativos podem se manifestar durante o crescimento do filho e, se os pais estiverem atentos e interessados em facilitar a evolução espiritual do filho, farão tudo para dimensionar seus desejos em um limite adequado.

O que desenvolve a força espiritual

As virtudes do homem são a sua força. Quando se quer fazer crescer a força espiritual do filho, valorizam-se, durante sua educação, as virtudes da alma. As quatro virtudes consideradas principais são: a prudência, a justiça, a temperança e a fortaleza. Outras virtudes, igualmente importantes, são: a ordem, o silêncio, a firmeza, a sinceridade, a pureza, a tranqüilidade, a castidade, a simplicidade e a humildade.

O homem pode estimular em si as virtudes, ainda que não tenha recebido nenhuma instrução dos pais sobre elas, mas isso é muito mais fácil quando recebeu em casa exemplos e informações. Para auxiliar o homem, Deus concedeu-lhe sete dons, através dos quais ele pode desenvolver as virtudes. São eles: a sabedoria, a inteligência, o conselho, a fortaleza, a ciência, a piedade e o temor a Deus.

Ao instruir moralmente seu filho, deixe-o ciente de que ele está dotado por Deus dos dons que o habilitam a demonstrar numa vida reta seu lado divino, expressando em seus atos e palavras as virtudes da sua alma. Cada vez que ele errar, mostre logo em seguida como manifestar o inverso da medalha: o seu lado bom, que é ligado a Deus, perfeito como ele.

Viver ligado ao bem não significa alienar-se; por isso, o filho precisa saber que o lado do mal existe e é atuante sempre que alguém lhe dá espaço na alma.

Vamos, então, fazer uma análise de cada uma das virtudes.

A prudência

Essa virtude é um dos apoios no controle dos desejos. Ela predispõe à análise, com o uso da razão, daquilo que convém ou não fazer. O homem prudente pensa e se decide apenas por aquilo que lhe trará o bem, escolhendo meios lícitos para alcançá-lo. A prudência leva a agir com moderação e evita tudo que é fonte de dano ou erro na vida. O jovem prudente tem cuidado na escolha das amizades, é comedido quando está na direção de um carro, evita qualquer manifestação de negatividade em seus atos.

A justiça

A virtude da justiça é evidenciada na capacidade de dar a cada um aquilo que lhe é de direito. Ela tem origem no desejo da alma de ser equânime, agindo de forma imparcial no julgamento de qualquer situação. O homem justo não faz aos outros aquilo que não deseja que lhe façam, ficando muito indignado quando vê que uma pessoa é vítima de injustiça. Quando erra, aceita com resignação os resultados do seu erro e as punições dele decorrentes.

A temperança

A qualidade da temperança é percebida na moderação dos desejos, fazendo agir com sobriedade diante das paixões. Os prazeres dos sentidos são controlados pela temperança, de modo que o homem não os nega, mas também não se torna escravo deles. A criação de Deus, toda a natureza, é usada com parcimônia, para que não haja desequilíbrio. Quem tem temperança não come mais do que precisa, modera suas ambições, foge dos vícios que o escravizariam, controla seus desejos, trabalha com comedimento.

A fortaleza

Essa qualidade é também um dos dons que o homem pode receber, mas, vista como uma virtude, ela pode ser desenvolvida na alma através do trabalho de aprimoramento pessoal. A fortaleza é uma força moral que torna o homem decidido e constante nos seus objetivos de crescimento espiritual. Por ser forte, não será abalado e, enquanto outros podem vacilar, ele segue direto rumo ao destino perfeito que traçou para si.

A ordem

Essa virtude facilita a vida, pois é através dela que os meios são bem utilizados e o objetivo final é alcançado. O homem organizado tem um tempo certo para cada coisa, um lugar para cada objeto, um método para cada ação. Sua produção material é maior, mas sua produção mental também é de nível elevado, acima da média. Os deveres espirituais encontram nele espaço, pois ordena seu tempo com sabedoria. A ordem é resultado da disciplina.

O silêncio

Como virtude, o silêncio evita o desperdício de energia. Há o silêncio que se manifesta em palavras usadas com moderação, no qual não se perde tempo com conversas inúteis ou maledicências. O homem, nesse caso, respeita as palavras e as usa apenas para se comunicar. Há também o silêncio da mente, que se alcança através de técnicas meditativas, muito útil para descansar a mente e trazer harmonia aos pensamentos.

A firmeza

A virtude da firmeza é a capacidade de seguir, com resolução, até alcançar um determinado objetivo. O homem firme traça seus planos e executa-os sem deixar que o desânimo o perturbe. Os obstáculos são vistos como desafios e os impedimentos nunca são aceitos como definitivos. A estabilidade é o resultado que essa virtude traz a quem a evidencia em sua natureza espiritual.

A sinceridade

No latim, sincero quer dizer aquele que é puro, sem malícia. A sinceridade é a virtude que expressa, sem artifício, as verdades da alma. O homem sincero manifesta, em suas palavras e ações, a franqueza; ele não tem nunca a intenção de enganar, dissimulando ou mentindo. As mentirinhas sociais, ditas para agradar, não são usadas por quem é sincero. Quando o uso da sinceridade pode atingir seu semelhante, o homem sincero prefere calar-se: as verdades que humilham ou ofendem são evitadas, pois é melhor não dizer nada do que fazer da palavra uma agressão.

A pureza

A qualidade da pureza é não ter mistura, é ser genuína. Essa virtude manifesta a limpidez da alma, que não foi alterada pelo mal. O homem puro tem pensamentos limpos, atos singelos, sentimentos verdadeiros, palavras simples. Parece ser uma das virtudes mais difíceis de ensinar aos filhos, pois poderá deixá-los um pouco indefesos. Para se manter puro, não é preciso desconhecer o mal; mas para conhecer e aprender a temer o mal é preciso entrar em contato com a sua existência real e sair disso puro, o que é difícil.

A tranqüilidade

Essa virtude é muito importante para ajudar a viver e a vencer no mundo material sem que haja muitas interferências no crescimento espiritual. Ela evita que os sentimentos fortes alterem o equilíbrio da alma. O homem tranqüilo é sereno e cordato, sofrendo poucas flutuações de humor, principalmente aquelas motivadas por influências externas. Ele é capaz de construir, porque sabe seguir um ritmo adequado, sem acelerar nem retardar o progresso.

A castidade

A virtude da castidade é uma expressão das almas evoluídas, capazes de ver no sexo oposto seres de qualidade semelhante à sua, irmãos e irmãs espirituais. O homem casto limita a expressão da sua sexualidade às ligaçoes legítimas, provenientes de um compromisso entre o casal. Ele tem o amor como motivo da união sexual. Não se torna dependente do prazer que sente no sexo.

A simplicidade

Uma natureza espontânea e sem artifícios reflete a qualidade da simplicidade na alma de uma pessoa. Ser simples é viver sem criar valores modificados por exemplos alheios à própria naturalidade. O homem simples não segue modas, nem se torna cópia daquilo que os outros são. Ele não complica a vida com dificuldades, criando uma personalidade dupla, como faz a maioria das pessoas, que possuem valores internos, os quais atendem à sua natureza perfeita, mas possuem também valores externos, para consumo da sociedade. Ele é um só.

A humildade

Essa é a virtude maior dos vitoriosos, daqueles que sabem que sua vitória é um fato passageiro. A humildade é o reconhecimento de que, na verdade, frente a Deus, somos fracos e indefesos. Qualquer sentimento de grandeza desenvolvido por um homem é ilusório, pois ninguém está livre das quedas. O homem humilde anula sua vaidade, nega sua superioridade em relação aos semelhantes e impede que seu ego manifeste orgulho em atitudes ou palavras. A grandeza pertence a Deus e à sua criação; as obras do homem são transitórias.

Os dons

Os dons também merecem uma análise, pois, embora sejam um presente divino, eles podem ser aumentados com um bom direcionamento. Ao receber um dom, o homem adquire uma qualidade que o aproxima de Deus. Vamos ver quais são eles:

A sabedoria

Esse dom é a inspiração divina de como bem utilizar os conhecimentos humanos. Por isso se diz que, com a vida, o homem se torna mais sábio. Isso se dá porque ele consegue, durante sua existência, aplicar com sabedoria tudo que aprendeu. Como dom, a sabedoria chega independentemente da experiência de vida e da idade da pessoa.

A inteligência

Como capacidade mental superior à média, a inteligência é um dom divino. O homem inteligente aprende, percebe e compreende com facilidade. A inteligência pode ser estimulada, levando o homem a utilizar capacidades mentais atrofiadas, das quais ele não tem conhecimento. Existe uma inteligência que é usada apenas para acúmulo de dados e outra que é destinada à prática.

O conselho

Esse dom é dado a pessoas que são consideradas capazes de servir como orientadoras da conduta do seu semelhante. Deus leva o conselho ao homem de outras maneiras, não só pelas palavras. Um conselho pode chegar através de um atraso, que impede de fazer algo negativo, por exemplo. É possível aprender a ouvir os conselhos de Deus através dos sinais que Ele nos envia.

A ciência

Esse dom está impresso na alma. Ele é o conhecimento intuitivo, o qual permite ao homem estabelecer padrões de conduta com base no seu Eu Superior, que está intimamente ligado a Deus. Todo homem possui uma parte divina, que tem a ciência do bem e do mal. Quem a utiliza corretamente, passa por menos sofrimentos.

A piedade

A compaixão nasce no coração do homem através desse dom divino. Ele é a capacidade de sentir como suas as dores do seu semelhante. O homem piedoso pratica a caridade, estimulado pela solidariedade. Com a piedade, vem a compreensão das necessidades sem que elas precisem ser anunciadas. A caridade que não espera um pedido para se manifestar é duplamente piedosa.

O temor a Deus

Esse dom desperta todos os outros, pois estimula o aperfeiçoamento da alma. Ele não é feito de medo puro e simples, que leva o homem a se submeter por ignorância. É justamente o oposto, uma submissão consciente, advinda do conhecimento da grandeza inimitável de Deus.

A educação sexual

Há dois aspectos a serem atendidos na educação sexual que os pais precisam fornecer a seus filhos: a questão da saúde e a questão da moral. A saúde sexual é hoje até uma questão de sobrevivência. Seria irresponsabilidade de um pai deixar para a escola e os livros as informações sobre como evitar as doenças sexualmente transmissíveis. A moral sexual é uma base que evita contaminações espirituais provenientes de atitudes equivocadas com relação à sexualidade. Ela é uma defesa para o espírito.

As doenças relacionadas com o sexo podem ser agrupadas em três grupos:

1) as que se transmitem pelo contato sexual, como a sífilis e a AIDS;

2) as que são da constituição individual, como as anomalias dos órgãos sexuais e as dificuldades de reprodução;

3) as provenientes de desvios mentais, que geram reflexos psicológicos, como a impotência e a frigidez.

Desses três grupos, as doenças do primeiro grupo são as mais fáceis de serem evitadas pela educação dada pelos pais. As que formam os outros dois grupos necessitam de observação para serem percebidas e de um posterior atendimento profissional.

Conversar abertamente com os filhos desde muito pequenos, respondendo com clareza às suas perguntas a respeito do sexo é uma atitude positiva para dar início à educação sexual das crianças. Antes mesmo de elas saberem ler, é possível colocar ao seu alcance livros feitos para a sua idade, que facilitam as conversas. Um livro com desenhos é uma abertura para as conversas, mas não pode ser algo didático; deve ser bem escolhido para despertar a curiosidade, que se expressa em perguntas e aproxima pais e filhos. Outros livros, adequados para a adolescência, podem ser encontrados e usados mais tarde.

É básico ensinar o uso da camisinha, deixando, assim que o jovem tem uma certa idade, algumas bem à mão. Também é básico ensinar como evitar a gravidez, tanto para as meninas como para os meninos. A responsabilidade para com um filho gerado é muito grande; explique todas as implicações espirituais de um filho e como ele só poderá ser bem assistido se vier no momento certo da vida.

Está na posição moral, com relação ao sexo, a grande importância da educação sexual destinada a proteger o espírito. É através das portas da sexualidade que os maiores ataques espirituais se processam.

Sempre que falar em sexo, associe-o ao amor, criando para a criança a idéia de que o sexo é um ato de amor entre duas pessoas. Esse é, na verdade, o sexo correto, aquele que não agride a alma. Explique que o amor acontece entre espíritos afins, que combinam porque estão em níveis de evolução parecidos. Diga que a finalidade do ato sexual é expressar, de uma forma física, o amor que une esses espíritos. Diga também que, quando alguém ama o outro, quer dar-lhe prazer e alegria, podendo usar como recurso para isso o sexo; mas que há outras maneiras de expressar o amor, também boas, como os carinhos, as atitudes de respeito, as palavras amigas, a partilha. Continue explicando que, quando duas pessoas estão se unindo sexualmente, elas movimentam uma grande quantidade de energia, gastando seus fluidos energéticos. Por isso, os exageros, com relações sexuais constantes, podem esgotar a energia física, o que enfraquece um pouco a aura humana. A moderação é difícil entre os jovens, mas sempre é bom alertá-los para que não esgotem recursos energéticos a ponto de deixar o perispírito com poucas defesas.

É importante mostrar que, quando duas pessoas se unem sexualmente, devem ter a certeza de não prejudicar ninguém com o seu ato. Assim, a infidelidade é uma atitude espiritualmente negativa, pois pode, eventualmente, causar dor e sofrimento.

Meninos e meninas precisam aprender que sexo não é mercadoria, que nunca se pode negociar com o ato sexual, nem realizá-lo para obter com isso algum tipo de vantagem material. Quem age dessa maneira prostitui-se, mesmo que não esteja recebendo dinheiro. Também fere sua alma quem usa o sexo como uma arma para dominar aquele que ama, forçando situações em troca de sexo.

As atitudes de culpa são comuns nos jovens, principalmente com relação à masturbação. Deixe claro que a única maneira de ser culpado com relação ao sexo está naquilo que fere o outro, que a masturbação não agride ninguém e é uma maneira de conhecer o seu corpo e saber como ele reage.

As muitas outras questões que surgirem, tais como o homossexualismo, o sexo fortuito, o sexo grupal, os filmes pornográficos, deixe para responder a eles na hora em que vierem: não há necessidade de puxar pelo assunto, pois os jovens se encarregam de trazer os temas à medida que sua curiosidade é despertada. Nessa hora, use seus valores para dar a opinião sincera sobre o que foi perguntado, deixando claro que é sua maneira de ver o assunto, mas há quem pense diferente. Mas, por favor, não se escandalize com nada, nem se mostre radical, pois a porta de comunicação poderá fechar-se, e talvez para sempre.

O importante é ter abertura para conversar sobre tudo o que eles quiserem, sempre enfatizando os aspectos superiores da sexualidade: o amor e a procriação. Vivemos num mundo em que o sexo está sendo usado para estimular o consumo; é ilusão pensar que nossos filhos não vão entrar em contato com todo tipo de apelo comercial para estimulá-los a uma sexualidade precoce e, por isso, não deixe para muito tarde a aproximação entre vocês, pois correrá o risco de encontrá-los no meio do caminho.

A escolha vocacional

Um espírito trabalha, quando encarnado ou desencarnado. O trabalho é uma lei da natureza à qual todo homem precisa submeter-se para ser feliz e poder suprir suas necessidades materiais. Há diferentes espécies de trabalho, e alguns homens podem escolher qual será sua profissão; quanto a outros, o destino se encarrega de encaminhá-los numa determinada direção, dando-lhes pouca possibilidade de escolha.

O trabalho duro, difícil, desgastante, monótono, ou que contraria, de alguma forma, o espírito é para ele uma expiação ou uma prova a superar. Esse trabalho pode ser temporário ou prolongar-se durante uma vida inteira.

Todo pai deseja ver seu filho crescer e se tornar produtivo, sendo capaz de garantir sua subsistência. Se puder ajudar o filho a cumprir sua obrigação de trabalhar com felicidade, muito melhor ainda!

A escolha profissional pode já vir determinada pelo espírito antes de encarnar, principalmente quando se trata de uma encarnação missionária. Esse espírito apresenta dons e capacidades definidas bem cedo, necessitando de pouca orientação para se resolver pelo tipo de trabalho que vai realizar. Um espírito assim orientado vai estudar o quanto for necessário e depois abraça sua profissão com muita dedicação. Infelizmente, isso não é uma garantia de felicidade, pois os missionários sofrem muitos ataques espirituais, que são enviados para frustrar seus objetivos de servir à humanidade. No nosso livro *Os Curadores do Espírito*, editado pela Editora Pensamento, fazemos um estudo sobre as pessoas que têm uma missão espiritual.

Outros espíritos, não missionários, também podem vir com uma profissão definida antecipadamente, caso isso sirva aos seus objetivos de evolução.

Há espíritos com muitas capacidades que demoram a fazer sua definição profissional quando encarnados. Alguns precisam de ajuda para conseguir estabelecer o próprio futuro. Como esta é uma questão delicada, cabe aos pais orientá-los. Existem testes vocacionais que indicam em que áreas de atuação o jovem apresenta aptidões e em quais ele teria dificuldades. Esse pode ser um começo, mas não deve ser o único modo de fazer uma escolha tão séria e determinante.

As conversas com o filho, visitas a lugares onde profissionais desempenham profissões que o jovem não conhece bem, palestras com profissionais de várias áreas: tudo isso é válido e ajuda. Mas, no final, a decisão tem que ser apenas do filho – o pai pode opinar (com suavidade), mas nunca determinar.

Depois que o filho decide, deve-se respeitar sua decisão e não desfazer de algo que não era o desejo do pai. Quando meu filho mais novo passou no vestibular para o curso de Sociologia, seu resultado foi excelente e meu marido comentou comigo que, com tal escore, ele poderia fazer Medicina ou Engenharia, mas em nenhum momento o censurou por fazer um curso que talvez não tenha sido aquele que ele desejaria para o filho. Mais vale a felicidade do que um diploma, que pode ser levado pela vida inteira como um peso.

Cabe também ao pai ensinar ao filho que o trabalho não pode ser motivado por ambições desmedidas, tornando-se a única coisa que a pessoa faz na vida. Entre o trabalho e o repouso existe o lazer, para o qual deve haver espaço na vida de todo homem.

A mãe pode ajudar o filho com orações que o encaminhem e facilitem sua vida profissional, criando com suas preces uma proteção de valor para que ele saia vencedor. E é vencedor no seu trabalho o homem que produz e é feliz com o que faz, não aquele que, como se pensa e diz, "chegou lá em cima".

Filho e filha são iguais

Parece uma coisa do passado afirmar que não existe diferença na educação de uma menina e de um menino. Isso é algo que todos sabem... na teoria. Nem todos os pais agem assim. Observe o que acontece nas casas em que existem filho e filha. Quem é que vai para a cozinha ajudar a mãe na hora de fazer o almoço?

Os espíritos não têm sexo definido; essa é uma condição de diferenciação para eles apenas enquanto possuem um corpo material. Um espírito pode encarnar como mulher ou como homem. Ele não precisa ter sempre apenas encarnações masculinas ou femininas e pode alternar os sexos. Essa é a base da compreensão de que seus filhos, espiritualmente, não possuem distinção sexual.

A educação dada pelos pais destina-se a aprimorar o espírito, facilitando sua evolução. Do ponto de vista espiritual, não poderá haver, portanto, nenhuma diferença entre o que um pai determina para um menino e para uma menina.

Por proteção, costuma-se poupar a mulher de condições ásperas e de uma vida mundana muito intensa, o que pode acabar por deixá-la indefesa quando tem que enfrentar competição no mercado de trabalho. Há a considerar o fato de que, fisicamente, a mulher é um pouco mais frágil, e há períodos, como a fase da gestação, por exemplo, em que ela precisa ser poupada. Esses fatores não podem ser usados, porém, como desculpas para que a mulher seja tratada de maneira diferente.

Os absurdos vistos no passado, quando a mulher não podia votar, não podia ocupar cargos de poder dentro de uma empresa, tinha menos importância no comando da casa, esses estão realmente ultrapassados. Mas ainda há muito a fazer na área da política, na questão salarial e em outras situações em que se observa alguma discriminação contra as mulheres. Esses problemas irão sendo superados através da educação e do respeito que a mulher tiver dentro da família. Quando a importância da mulher estiver bem definida na organização social e familiar, as leis de igualdade, que já existem, serão uma verdade viva.

Todo homem que, por ignorância, submete uma mulher a condições de sofrimento, pelo fato de considerá-la um ser inferior, certamente haverá de passar, em outra encarnação, por sofrimentos semelhantes. É bem provável que ele nasça como mulher e tenha que suportar condições adversas em decorrência de sua condição sexual.

Treinar a independência

Quando observamos os filhos de um casal, vemos que, geralmente, há uma diferença entre o mais velho e os outros. O filho mais velho parece ser emocionalmente mais seguro, mas é também o menos independente deles. A segurança emocional desse filho vem da proximidade maior com a mãe nos primeiros meses, pois ela não tinha outros filhos e pôde dedicar-se mais ao primeiro. No entanto, também é fácil perceber que ela fez mais do que o necessário por ele, deixando poucas responsabilidades para serem assumidas pelo filho, o que gerou sua dependência.

O segundo filho, e também os seguintes, encontram uma mãe mais atarefada, com menos tempo, e por isso têm que aprender a fazer as coisas sozinhos desde cedo, lutando para resolver seus problemas. Mas estes podem manifestar menos segurança emocional, pois talvez tenham sentido menos a proximidade da mãe.

Os filhos mais velhos gostam menos de fazer suas obrigações porque tiveram a mãe por muito tempo fazendo-as por eles. Pedem também mais a opinião dos pais, precisando receber orientação nas suas decisões. Os filhos mais novos, porém, podem ter medo do escuro, insegurança quanto à sua aparência física e buscam muito o apoio de amigos ou de grupos para se sentirem mais firmes.

Concluímos que treinar a independência exige uma atenção especial da parte dos pais na hora de educar os filhos. Essa independência precisa ser obtida sem que os pais façam por eles, mas também sem causar-lhes insegurança emocional devido ao sentimento de abandono. Não é fácil encontrar o meio-termo.

Cada vez que a criança apresenta um progresso na sua evolução motora, ela pode aprender a fazer alguma coisa nova por si e os pais devem estimulá-la a fazê-la, sem que haja uma pressão muito forte quando ela não quiser ou quando fizer errado. Aprender a pegar objetos na gaveta, a ensaboar o corpo, a guardar os brinquedos, a ajudar a mãe nas tarefas da casa, tudo isso é de valor, mesmo que nos primeiros tempos seja mal-executado. Ter paciência e insistir quando as coisas saírem mal, para despertar a autoconfiança, é um estímulo que os pais podem dar para que as dificuldades sejam superadas através do treino.

Por outro lado, nunca se deve deixar a impressão de que o filho tem que fazer e que, se não fizer, o problema é só dele, e os pais não querem nem saber das suas dificuldades. Essa sensação de abandono é péssima, sendo a origem das inseguranças emocionais. Uma criança emocionalmente insegura apega-se a qualquer um que sinta interesse por ela, tornando-se vítima fácil das más companhias ou tornando-se um adulto que compra amizades com agrados e presentes.

A questão da independência também é um aprendizado para os pais, que precisam conscientizar-se de que o filho não é uma propriedade, mas que apenas está por um período e com uma determinada finalidade dentro da vida deles. Pais que tolhem a liberdade dos filhos, por medo ou por egoísmo, estão perdendo a verdadeira dimensão de sua missão espiritual. Aceitar a independência dos filhos é, para alguns pais, muito difícil.

Ligação com a natureza

No início do livro ressaltamos bastante a importância da proximidade da gestante com a natureza, para ter uma boa energização, e também proteção, por intermédio de seus fluidos. Depois de nascer, isso também poderá ser estimulado na criança, que poderá aprender a usar os recursos energéticos da natureza como continuidade daquilo que sua mãe fazia. A mãe natureza poderá, assim, continuar a cuidar do filho como antes o fez.

Quando o homem se liga à natureza, ele sabe que ela é importante para seu bem estar e sobrevivência, passando a respeitá-la como uma entidade viva. Os homens agridem a natureza porque não têm consciência do sofrimento que causam aos seres vivos, como as árvores, os rios e os animais. Esses seres também possuem uma alma que passa por um processo de crescimento.

Os pais que estimulam a criança a buscar na natureza proteção e energia zelam pelo bem-estar de toda a sua descendência. Sem a natureza o homem não sobrevive. Além disso, o jovem que está ligado ao mundo em que vive tem mais defesa contra doenças físicas e espirituais.

Observe qual é o elemento mais forte na constituição de sua criança, para ensinar a ela que esse elemento é o primeiro que ela tem que aproximar de sua vida quando estiver enfraquecida. Faça isso usando o signo astrológico solar da criança. Veja alguns exemplos de como procurar a energia, observando em que elemento cada um dos signos pode encontrar reforço energético:

Áries: perto do fogo, com uma pequena chama de vela vermelha.

Touro: caminhando com os pés descalços sobre a terra.

Gêmeos: subindo um morro e ficando sentado lá, sentindo o vento.

Câncer: passeando à beira do mar ou ficando à luz da lua cheia.

Leão: tomando sol no corpo todo.

Virgem: plantando algum vegetal na terra do jardim.

Libra: viajando de avião ou subindo no alto de uma torre.

Escorpião: tomando um banho de rio ou de mar, à noite.

Sagitário: acendendo uma pequena fogueira ou cuidando de animais.

Capricórnio: visitando uma fábrica de cerâmica e pegando na argila.

Aquário: andando numa ventania.

Peixes: andando de barco, com pescadores.

As leituras

O espírito evoluído aprecia fazer contato com a sabedoria de outros espíritos mais adiantados. Os espíritos menos evoluídos podem ser motivados a melhorar quando recebem de outros espíritos, mais perfeitos, noções de como crescer. Todo o conhecimento acumulado pelo homem está nos livros, sendo eles, portanto, os transmissores da sabedoria da humanidade. Nos livros está um importante apoio ao espírito que deseja instruir-se e crescer.

O pai que ensina aos filhos a importância dos livros e estimula neles o hábito de ler dá um importante apoio à sua evolução mental e espiritual.

As leituras que os pais fazem para seus filhos podem ser uma grande fonte de prazer para as crianças, despertando nelas alegria e criatividade. Ao ler uma história, a imaginação infantil é estimulada, fazendo com que os limites da criança não fiquem só dentro do seu pequeno mundo: casa, família, amiguinhos, escola. Ela descobre que há muito mais a investigar e que a vida não precisa estar limitada ao que está próximo a ela.

O hábito de ler pode começar cedo na vida, quando a mãe mostra livros com desenhos grandes à criança e conta alguma história bem simples para ela. É gostoso ouvir as perguntas que a criança faz sobre os detalhes do desenho e as projeções de continuidade da história que às vezes são feitas por ela. Com a evolução da criança, as histórias podem ir-se tornando mais complexas, levando até alguns dias para terminar a leitura. A expectativa criada por querer saber o final da história vai fazer com que a própria criança traga o livro para a mãe ler.

Mais tarde, já alfabetizado, o filho se encaminha naturalmente para leituras sem a mãe. Basta que ela forneça livros variados e interessantes que o hábito já estará firmado.

Outras atividades podem vir como continuidade da leitura: a criança faz desenhos sobre aquilo que foi lido, cria uma representação viva da história, com os amiguinhos, faz uma pequena história em quadrinhos, produto de sua imaginação.

Na adolescência, com o costume de ler, o jovem pode ser instruído moralmente através de livros. Muitos assuntos que estão nos livros que os pais têm em casa, até mesmo para si, podem ser motivo para boas conversas entre eles.

Se quiser motivar seu filho, sugerimos que, dentre outras leituras, faça para ele, desde cedo, a leitura das biografias das pessoas importantes da humanidade, como os grandes cientistas, pintores, músicos, pensadores, líderes. Esse tipo de conhecimento é altamente estimulante para que a criança desperte seu lado superior, divino, desejando também ser alguém com uma vida superior e que é importante não apenas para si e os seus, crescendo nela, dessa forma, a vontade de servir à humanidade. Procure biografias simples e adaptadas ao gosto infantil e juvenil, não muito extensas.

Na hora de dormir

O final do dia é um momento de aproximação muito gostoso entre pais e filhos. Nessa hora, mais tranqüila e relaxada, a mãe pode encontrar uma oportunidade de ter uma aproximação calma com o filho. Esse momento é adequado para orações e para a avaliação do dia que passou. Do hábito de orar todos conhecem a importância, mas o costume de terminar o dia com uma análise de tudo o que aconteceu também poderá acrescentar algo importante para o futuro.

O objetivo de fazer um balanço do que se passou de importante durante o dia é um dos recursos de progresso e defesa espiritual que apresenta resultados mais rápidos. Os pais podem sugerir, de acordo com o que observaram na conduta do filho, aquilo que seria bom melhorar. Mas o sentido é mais amplo. Havendo uma conversa e não uma crítica, com condições de abertura, criam-se situações nas quais a conclusão final é sempre da criança. Ela é levada a perceber o que deu bons resultados em seus atos e também aquilo que trouxe desgaste, bem como o que pode ter sido um momento em que seu espírito ficou vulnerável.

Por exemplo, um menino estava em casa, brincando com um amiguinho, quando aconteceu um desentendimento entre os dois por causa de um brinquedo. Desse desacordo, nasce uma divergência mais séria, e o menino da casa manda o amigo embora. Este, magoado, sai, mas, sentindo-se muito ofendido, diz, antes de sair, que não quer mais a amizade do outro. O mais comum é que depois de alguns dias tudo fique bem e a amizade seja retomada. Mas, se ao final do dia houver uma conversa com a criança, ela poderá perceber a importância de ter um amigo, compreendendo que um instante de raiva deixa a alma enfraquecida. Pode-se ajudar a criança a compreender que a tristeza do afastamento do companheiro de brincadeiras poderia ter sido evitada com um pouco de diplomacia e que há tempo para pedir desculpas e acertar tudo.

O hábito de fazer uma avaliação ao final do dia sobre o que aconteceu durante as horas vividas dá uma noção nítida de como cada dia é precioso e contém suas lições. Ao verificar a importância de um dia, a criança passa a valorizar mais suas oportunidades. Depois de criado o hábito, o jovem e o adulto geralmente o mantêm por toda a vida.

Se a mãe achar interessante, poderá seguir o roteiro que vou sugerir, no qual estão os pontos mais importantes para uma consideração ao final do dia. Ela mesma teria muitas vantagens em fazer sua avaliação pessoal.

1. Volte atrás, no dia que passou, rememorando tudo o que puder.
2. Quando encontrar uma situação, palavra ou pensamento mais forte, tente perceber como se sentiu.
3. Se a emoção que o fato despertou for boa, agradeça pela oportunidade feliz que teve.
4. Caso tenha passado por uma emoção negativa, verifique o que poderia ter feito para evitá-la, controlá-la ou, ao menos, diminuir sua intensidade.
5. Avalie qual é o aprendizado que a questão difícil lhe trouxe.
6. Pense em como poderá agir de uma maneira mais positiva frente a um mesmo tipo de acontecimento, no futuro.
7. Determine-se a eliminar qualquer resíduo espiritual em sua alma que possa ter sido acumulado pela negatividade vivida.
8. Se foi agredido de alguma maneira, perdoe.
9. Se foi orgulhoso, evite o crescimento do seu ego e a vaidade.
10. Termine com uma oração de agradecimento pelo que pôde aprender nesse dia.

O filho diferente

Uma criança que abriga uma alma evoluída é, geralmente, muito fácil de criar, mas há filhos que possuem expiações dolorosas e resgates cármicos com os pais e que trazem muitas preocupações. Chamo essas crianças de filhos diferentes porque eles não se encaixam na sociedade da mesma maneira que as outras pessoas, isto é, estão fora dos chamados padrões.

Entre os filhos diferentes, podemos considerar os deficientes físicos e os excepcionais, os mentalmente superdotados, os viciados, os paranormais, os alérgicos e os depressivos, os artistas, os missionários. Todos eles trazem alegrias e desgostos, pois a mãe ficará envolvida com esses filhos diferentes para sempre, vivendo seus sucessos e fracassos.

O filho diferente é de difícil análise, porque não existe um que seja igual ao outro. Se quiséssemos tratar desse tema em bloco, haveria dificuldades. Mas há alguns pontos que podemos analisar e que talvez ajudem os pais de filhos diferentes a compreenderem melhor sua missão com os filhos.

De modo geral, um filho diferente tem em vidas passadas a origem de sua dificuldade atual. Excepcionalmente, a causa pode surgir na vida presente, através de seguidas contaminações espirituais, mas, mesmo nesse caso, existe um componente de vidas anteriores que desencadeia o problema. Se o problema vem do passado, não há muito a lamentar no presente. Deixar como está, jamais. Os pais podem ajudar muito esse filho diferente a se livrar, na vida presente, de qualquer dívida que ele tenha. Fazendo assim, ele não terá mais nada a sofrer em vidas futuras, com relação ao problema vivido. Isto é, se for ajudado pelos pais e conseguir ultrapassar suas provações nesta vida, enquanto aprende a lição, que é o objetivo de sua encarnação, sua condição espiritual em vidas posteriores será de pura evolução.

O primeiro recurso dos pais é o amor, aliando a ele a paciência. É preciso que exista a fé em Deus de que a superação das dificuldades depende diretamente da conduta de vida limpa dos pais, que não merecem tal sofrimento.

Vamos ver primeiro o caso dos filhos diferentes que têm doenças alérgicas, que são doenças de fundo espiritual. Esses pais terão, desde a tenra idade da criança, muitos sobressaltos, pois as crises desencadeadas por um ataque de asma ou pelas temíveis infecções de garganta, que acontecem seguidamente, são bastante difíceis de suportar. Os tratamentos espirituais dessas doenças precisam ser completados com medidas e tratamentos tradicionais, e ambos precisam ser respeitados seguidamente, pois as conseqüências do descaso podem ser gravíssimas. Por vezes, muitos anos se passam antes que haja alguma melhora, mas não há por que desistir, pois essa melhora acabará ocorrendo. Pais desinteressados pelo componente espiritual deixam de lado os passes e os exercícios respiratórios, que são capazes de tratar as alergias com muito sucesso. Recentemente, ouvindo a palestra de um médico sobre alergias, ele disse que seus melhores resultados são obtidos com os clientes alérgicos que mudam de casa ou de cidade, em busca de uma alteração das condições de vida. Sabemos que, para se obter sucesso num caso de ataque espiritual, uma das mais importantes medidas é cortar a sintonia com o espírito agressor, mudando a pessoa do lugar onde ela está.

Os filhos diferentes que são deficientes físicos ou excepcionais são especiais. Sua educação é uma missão de amor a ser aceita pelos pais, e eles precisam perceber que ela vem acrescida de uma provação que só os engrandecerá. Essas crianças muito dependentes, trazem a recompensa da luta que os pais têm para torná-las seres humanos produtivos, como podem de fato ser. Para esses filhos, nas horas mais duras, há uma grande melhora se eles são tratados com passes e água fluidificada, pois esses dois fluidos espirituais, divinos, são bem indicados nesses casos.

Os filhos diferentes que são viciados, bem como os depressivos, pegam de surpresa os pais, pois esses problemas, também de natureza espiritual, surgem numa fase da vida em que os pais acham que já terminaram sua tarefa de educadores. A tendência já vem definida de vidas anteriores, mas ela se manifesta depois de uma longa fase do que poderíamos chamar de incubação. Geralmente essas doenças são incuráveis, mas podem ser controladas, permitindo que a pessoa leve uma vida normal. Isto é, um alcoólatra será sempre alcoólatra, mas poderá, com ajuda médica e espiritual, eliminar o álcool de sua vida. Deverá, contudo, estar sempre atento para não se descuidar da atração que a bebida terá permanentemente sobre ele. O depressivo também é assim, precisa estar sempre alerta, aplicando os recursos de que fez uso para se curar, de modo a não deixar que uma outra crise depressiva o abata.

Os filhos paranormais ou artistas, bem como outros, de vida missionária, trazem um dom que exige muito da sua resistência física e que os expõe a inúmeros ataques espirituais. Ao perceber no filho algum tipo de paranormalidade, os pais devem buscar ajuda para fazer com que esse dom, enquanto a criança não tem idade suficiente, fique desativado. Não há muita utilidade para uma criança em trabalhar com seus dons paranormais. Ela ficaria exposta e iria sentir-se diferente das outras crianças. O mais correto, nesse caso, é uma instrução espiritual bem direcionada, com atenção constante no caso de haver implicações com espíritos assediadores.

Os outros filhos missionários, como os artistas, são muito diferentes quanto ao ritmo que toma o seu crescimento. Eles apresentam os chamados saltos evolutivos, que são fases nas quais seu crescimento espiritual se acelera. Essas fases costumam ser críticas, com perturbações físicas e mentais, momentos nos quais precisam de muito apoio para poder superar as alterações que resultam num estado superior de consciência. O papel do pai durante essas fases é dar segurança e amparo às necessidades materiais, das quais ele pode desligar-se por completo. Todo filho missionário, quando bem atendido, terá condições de se prover materialmente, embora em algumas épocas sofra oposições ou dificuldades, nas quais os pais poderão colaborar. Pais que assistem material e espiritualmente um filho missionário poderão surpreender-se quando ele se tornar um sucesso, retribuindo com fama e dinheiro tudo o que recebeu.

Os filhos mentalmente superdotados passam por muitas angústias – para estes a dose de amor tem que ser dupla. Uma criança inteligente demais torna-se, desde cedo, diferente das outras. Os adultos não percebem que sua inteligência, pelo fato de chamar a atenção, também a coloca numa situação de isolamento em relação às outras crianças. O reflexo disso é que todo menino ou menina chamado de gênio é emocionalmente muito complicado. Se a mãe tiver sensibilidade para não deixar que sua criança seja estigmatizada como um ser anormal, já terá feito muito por ela. Outro problema para esse filho diferente está na sua situação escolar. Não há como fazer que ele estude numa escola adequada, pois essas escolas praticamente não existem. Essa criança é, muitas vezes, um péssimo aluno, pois a escola é para ela de uma monotonia incrível. Uma solução é dar condições no lar para que a criança possa desenvolver aptidões além daquelas desenvolvidas na escola. Esse assunto deve ser atendido por pedagogos, mas nem todos eles podem fazer muita coisa, na prática, por falta de estrutura dentro do sistema educacional.

A educação espiritual que os pais podem dar ao filho diferente é a mesma que é dada aos outros filhos. Sugiro apenas que se atenda às necessidades materiais que esse filho apresenta, com especial atenção à sua alma. Os recursos espirituais indicados para esses filhos são o passe, feito pela mãe diariamente, além das orações. O amor, com suas expressões físicas, como abraços e carinhos, sempre reafirmado, opera excelentes resultados. Acredite que seu filho diferente tem um belo caminho pela frente, pois ele tem mesmo um grande crescimento espiritual a completar; nunca deixe de apoiá-lo, mesmo quando lhe trouxer algum sofrimento.

Quarta Parte

DEFESA ESPIRITUAL DO FILHO

Uma das tarefas da mãe é defender espiritualmente o filho. Digo que é uma tarefa materna, porque sabemos que os pais também protegem os filhos, mas eles não gostam tanto de seguir instruções de como podem fazer isso. É por esse motivo que escrevi este capítulo como se falasse mais para as mulheres.

A mãe guarda o filho por toda a vida

A missão materna é para sempre. Afirmar isso não significa que uma mãe deixe de ter suas vontades pessoais e abdique de seu próprio crescimento espiritual para fazê-lo. Também não quer dizer que terá que exercer controle permanente sobre os atos de seu filho. A guarda materna, depois de educado o filho, é espiritual e, mesmo quando o filho está distante, ela pode ser exercida.

Durante a infância, o primeiro cuidado da mãe é ensinar ao filho os valores espirituais e morais que irão protegê-lo; o segundo é facilitar sua liberdade, dando a ele independência para seguir os rumos que o levarão a realizar sua evolução. Na adolescência a mãe começa a deixar a instrução aos poucos, pois se tiver trabalhado bem na infância, a criança vai-se tornar um adolescente dos menos difíceis.

Meu filho mais novo, que tem grande afinidade espiritual comigo, foi um adolescente maravilhoso, embora tenha passado por um período crítico, que durou pouquíssimo. Hoje ele ri quando lembra a fase da adolescência, dizendo que a sua durou, felizmente, uma semana apenas. E é assim mesmo. Bem orientado, o jovem não sofre tanto os percalços dessa fase.

Quando o filho se torna adulto, a defesa espiritual continua acontecendo, mas cada vez será menor a atuação material da mãe, cabendo a ela um suporte espiritual protetor importante. É nesse sentido que dizemos que uma mãe protege seu filho para sempre. Ela continuará atenta aos caminhos pelos quais o filho vai. Calada, observa e, na hora certa, faz o comentário que corrige algum desvio que ameace o filho.

Se os filhos vêm para uma mãe como missão, eles trazem para sua alma um belo desenvolvimento. Quando ela aceita sua missão com boa vontade, recebe grande ajuda de entidades espirituais que sempre amparam quem está realizando um trabalho espiritual. Todo missionário ativo, isto é, aquele que compreende a importância de seu papel e se dedica a ele, tem paz e alegria como recompensa de sua tarefa. Assim é com as mães, mesmo as que aliam condições expiatórias à missão que possuem.

Uma missão é um assunto sagrado, não podendo ser desconsiderada ou deixada de lado. Os desígnios divinos, caso sejam negados pelo missionário, serão repetidos numa vida posterior, em condições mais pesadas.

Além dos benefícios espirituais recebidos pela mãe, ela tem como presente divino, para ajudá-la em sua tarefa, condições físicas favoráveis. Ela é dotada de grande vigor, que pode ser observado no seu corpo, que executa trabalhos bastante estafantes sem se esgotar. As doenças quase não atingem as mães alegres com sua obrigação materna e plenamente envolvidas com sua missão e, quando acontecem, não causam danos graves.

A mãe é o espírito mais próximo ao do filho e, por isso, é ela quem tem a capacidade de melhor protegê-lo. Uma mãe não deseja conscientemente o mal para seu filho; se isso acontecer é porque há uma interferência espiritual negativa muito forte, talvez uma obsessão. Ela é sensível às alterações orgânicas e mentais que o filho apresenta e pode ajudálo a prevenir obstáculos materiais e espirituais fazendo uso da intuição, que é uma característica da sensibilidade materna, algo bem feminino.

Na prática, essa defesa constante deve acontecer pelo uso dos fluidos divinos, que são a oração, o passe e a água fluidificada. Outro importante recurso defensivo que pode ser usado pelas mães é a instrução moral, também chamada de doutrinamento, dada aos espíritos negativos que estejam prejudicando o seu filho. Esses recursos estão bem explicados mais adiante neste capítulo, para que cada mãe possa aplicá-los quando necessitar.

Quando uma mãe se sentir desorientada, em qualquer fase da educação e do acompanhamento do filho, pode invocar a presença de guias espirituais que a confortem e esclareçam, para poder seguir cumprindo seu trabalho missionário. É bom lembrar que todo missionário sofre oposições espirituais negativas quando não dá atenção à sua própria alma; por isso, mesmo que muito envolvida com os filhos, a mãe ainda tem que achar que ela é mais importante, que suas necessidades espirituais vêm em primeiro lugar.

A vida de quem nega uma missão geralmente se desestrutura. Fora os casos em que não depende da vontade da mãe criar o filho, ela estará comprando a infelicidade ao abandonar sua missão materna. Cada mãe deve avaliar bem seus passos, caso deseje deixar o filho entregue à própria sorte.

Temos que comentar aqui sobre os pais adotivos, cuja missão é voluntária, sendo, por isso mesmo, de um valor muito grande. Tudo que implica benefício e obrigação para um pai carnal é de igual valor para um pai adotivo. Sua missão é linda e abençoada. Já vimos que não há, no conceito espiritual, pai e mãe geradores de um espírito; portanto, um pai ou mãe adotiva, perante Deus, é semelhante ao pai carnal, com o acréscimo de ter sido duplamente voluntário: no mundo espiritual e no mundo material.

As orações

Essa é, para mim, a maior arma defensiva das mães, em todas as fases da sua missão. É um fluido que pertence a uma categoria divina e cuja ação se verifica na alma, no perispírito e no corpo físico. Fazer uso de uma oração não requer nenhuma preparação, nem uma forma especial de ritual.

Orar é conversar com Deus, pedindo favores e agradecendo o que se recebeu. Uma oração coloca, com palavras vindas do coração, as emoções e os pensamentos de um espírito de fé. E esta é a primeira condição para ter sua prece ouvida: acreditar e confiar que Deus tem e deseja dar tudo que você precisa.

A persistência na oração é um fator de sucesso para alcançar uma graça pretendida. Quando quiser que Deus a escute, ore perseverantemente até obter o favor. Não desista, se estiver demorando a sentir correspondência: pode ser que o seu pedido, para ser bem aproveitado, exija uma preparação espiritual que você ainda não tem. O merecimento é determinante no resultado de uma oração.

Mãe, ore por seu filho sempre, mesmo que ele não lhe peça ou não acredite no poder de suas orações. Você pode conseguir para ele o escudo da proteção divina.

Selecionamos algumas orações para as diversas fases e situações da vida de um filho. Algumas são nossas e outras foram extraídas de antigos livros de família.

Oração de um pai ou de uma mãe por seus filhos
(extraída das Horas Marianas, de 1885)

Deus e Senhor meu, sois o criador e verdadeiro Pai de meus filhos; vossos são e Vós sois quem m'os destes. Não sou eu quem os formei, nem lhes dei o espírito e a vida. Eu vo-los apresento, e reconheço que vos pertencem; eu os submeto, e a mim também, com eles, a todas as ordens da vossa vontade e da vossa providência sobre eles, pedindo-vos que os abençoeis, abençoando-os eu em vosso nome. Não vos peço, Senhor, como Isaac, o orvalho do céu e a gordura da terra; se me atrevera a designar alguma coisa para a sua vida temporal, eu vos pediria que não lhes désseis nem riquezas nem pobreza, mas o que é necessário para viver com honrada mediania.

Minha oração será mais cristã e vos agradará mais se eu buscar primeiramente, para eles e para mim, o vosso reino e a vossa justiça, deixando a vosso cuidado dar-nos em acréscimo o que for de vossa vontade; e não vos peço senão a sabedoria cordata e um coração dócil. Não me atrevo tampouco a pedir-vos para eles os primeiros lugares no vosso reino; porém eu vos peço que imprimais neles um verdadeiro horror ao pecado, que os afasteis de todo o mal, que os preserveis do contágio do mundo, que os formeis segundo o Evangelho, que imprimais nos seus corações sentimentos nobres e cristãos, que lhes deis a simplicidade e sinceridade de filhos vossos, e os enchais de vosso amor. Não permitais que eu desminta com a minha vida a voz da minha oração, nem que destrua por mau exemplo que dê a meus filhos, por meus conselhos indiscretos ou por minha negligência as boas qualidades e virtuosos dotes que peço lhes concedais. Fazei que eu os eduque na sabedoria e no vosso santo temor, e ajuntai a todas essas graças a de lhes conceder largos e prósperos anos, de que farão bom uso para vosso serviço e para a salvação de suas almas. Tenha eu a consolação, Senhor, de os ver em torno do meu leito, como o patriarca Jacob, de lhes dar a minha última bênção, e de os tornar a ver no céu na vossa companhia por toda a eternidade. Amém.

Oração de uma mãe aflita

Senhor, meu Deus, aqui me encontro angustiada e venho pedir o seu socorro nesta aflição. Não sei de meu filho e por quais caminhos ele anda, nada conheço da sua vontade. Temo que esteja neste momento perdendo a direção certa que eu sempre lhe quis dar. Senhor, não deixe que por poucos momentos de irresponsabilidade ele venha a pagar caro; ilumine a sua mente até que ele veja a luz da fé; proteja e guarde o meu menino. Obrigada.

Oração para fazer renascer a coragem de seguir com a missão de mãe

Meus medos são pura ilusão, criada pela falta de fé. Senhor, ajude-me a superar a incerteza e reponha no meu coração a confiança que sempre tive. O anjo da coragem me anima a seguir com a minha missão e a presença de Deus me ampara a cada passo que dou. Tenho a forte e serena convicção de que Deus tem um plano sábio para tudo o que me acontece, e sei que o resultado será a grande vitória na minha missão de mãe. Com suas bênçãos, meu Deus, não lhe falharei jamais!

Oração para agradecer pela vida dos filhos

Ó Senhor, Deus da perfeição, mestre da sabedoria. O Senhor é o consolo na aflição, o apoio na adversidade. Sei que sempre me escuta e guia os meus passos, e por isso tornou-me mãe, para que eu pudesse crescer mais um pouco. Agradeço todo dia a oportunidade que tenho de aprender com meus filhos, de ouvir seus risos e seu choro, de atender às suas necessidades. Sem eles minha vida seria uma manifestação vazia, sem sentido pleno. Obrigada, meu Pai.

Oração de proteção

Meu Senhor, peço que proteja meu filho de todos os males que o ameacem. Que ele saia e volte sempre em perfeita paz. Que aqueles que tramam contra o seu bem sejam afastados, por sua obra. Que nunca sinta opressão nem seja humilhado. Que os maus espíritos não encontrem nele abrigo nem atração. Que seus amigos sejam honestos e sirvam de estímulo ao seu progresso. Que sua mesa tenha sempre alimentos fartos. Que seu corpo seja forte e saudável. Que, quando ele encontrar o amor, esse seja só felicidade. Que sua prole me alegre nos últimos dias da minha vida.

Meu Senhor, sei que pedi demais, mas ainda vou fazer uma última súplica: não me deixe ver em seus olhos lágrimas causadas por fracasso, doença, amor ou descrença. Ao seu amparo entrego, com confiança, meu bem mais precioso. Obrigada.

Salmo de Davi
(número 100, usado para agradecer às gerações)

Terra inteira, aclame o Senhor!
Sirva ao Senhor com alegria,
e vá até ele com gritos jubilosos!
Saiba que somente o Senhor é Deus:
Ele nos fez e a ele pertencemos,
somos o seu povo e ovelhas do seu rebanho.
Entrem por suas portas dando graças,
com acenos de louvor em seus átrios,
celebrem a ele e bendigam o seu nome.
Sim, porque o Senhor é bom,
o seu amor é para sempre
e sua fidelidade, de geração em geração.

Salmo de Davi
(número 86, para defesa da mãe e do filho)

Inclina teu ouvido, Senhor, responde-me,
porque sou pobre e indigente!
Guarda-me, porque sou fiel,
salva o teu servo que em ti confia!
Tu és o meu Deus, tem piedade
de mim, Senhor,
pois é a ti que eu invoco o dia todo!
Alegra a alma do teu servo,
pois a ti elevo a minha alma!
Tu és bom, Senhor, e perdoas.

Tu és cheio de amor, com todos
os que te invocam.
Atende à minha prece, Senhor,
considera a minha voz suplicante.
No dia da angústia eu grito a ti,
pois tu me respondes, Senhor!
Entre os deuses não há outro igual a ti,
nada que se iguale às tuas obras!
Todas as nações virão
para se prostrar na tua presença, Senhor,
e bendizer o teu nome:
Tu és grande, e fazes maravilhas.
Tu és o único Deus.
Ensina-me os teus caminhos, Senhor,
e caminharei segundo a tua vontade.
Conserva íntegro o meu coração
no temor do teu nome.
Eu te agradeço de todo o coração, meu Deus,
vou dar glória ao teu nome para sempre,
pois é grande o teu amor para comigo:
Tu me tiraste das profundezas da morte.
Ó Deus, os soberbos se levantam
contra mim,
um bando de violentos persegue
a minha vida,
e não fazem conta de ti.
Tu, porém, Senhor, Deus de piedade e compaixão,
lento para a cólera, cheio de amor e fidelidade,
volta-te para mim, tem piedade de mim.
Dá força ao teu servo, salva o filho da tua serva.
Realiza para mim um sinal de bondade:
Meus inimigos verão e ficarão envergonhados,
porque tu, Senhor, me socorres e consolas.

Os passes

Junto com a oração, toda mãe pode fazer grande bem ao filho se lhe transmitir fluidos através de passes espirituais. Um passe espiritual é um recurso que não exige nenhuma complicação para ser realizado entre mãe e filho. Durante o passe, a mãe atua como transmissora da energia divina para o filho. Essa força divina é passada ao filho pelas mãos da mãe, embora venha do alto e penetre pelo sétimo *chakra* (no alto da cabeça) da mãe.

Como nas preces, pelos passes são transmitidos fluidos capazes de reenergizar o corpo físico, melhorar as condições perispirituais e fortalecer a alma. Um passe espiritual anula os efeitos da negatividade na alma e os reflexos correspondentes a esses efeitos que ficaram impressos no perispírito. Conseqüentemente, se o corpo tiver adoecido, também será aliviado.

Geralmente, durante o passe, a mãe ora, mas o passe é, por si só, capaz de realizar as alterações procuradas.

Para dar um passe, a mãe deverá estar tranqüila e confiante. Ela procurará estar alimentada, mas não comerá no período de duas horas antes do passe e evitará comer carne nesse dia. Antes de aplicar o passe, faz uma oraçao pessoal de proteção e em seguida invoca a ajuda divina.

Em geral, a mãe que aplica um passe fica de pé, podendo estar o filho sentado ou deitado. Depois de invocar a ajuda de Deus, ela estende a mão sobre o filho, enquanto mentaliza que os fluidos divinos estão sendo concentrados no alto da sua cabeça e por ali descem até sua mão. Nesse momento, é comum sentir formigamento nos dedos. A mãe vai movimentando a mão sobre o corpo do filho, detendo-se em algum ponto em que sente acúmulo de energia ou no qual havia alguma dor. Pára com as mãos sobre o topo da cabeça, sobre a testa, a garganta, a nuca, o peito, a boca do estômago e o ventre, descendo até os pés.

Um passe não precisa ser muito longo, nem curto demais. Cada mãe sentirá quanto tempo é necessário permanecer com a transmissão dos fluidos para o filho. Durante o passe, pode haver também direcionamento mental da mãe, aliado ao do filho, visando algum objetivo específico. Mas quem aplicar um passe com a mente ocupada apenas em transmitir os fluidos, fornecerá benefícios igualmente fortes.

Se, depois de um passe, a mãe sentir fraqueza, é possível que tenha doado alguns de seus próprios fluidos e isso não ajuda em nada o filho, devendo ser evitado no próximo passe. Dissemos para a mãe usar, durante o passe, apenas uma das mãos, justamente para evitar que a energia pessoal escape, o que é comum quando se usam as duas mãos.

Ao terminar, a mãe faz uma oração de encerramento, na qual agradece a Deus por haver consentido na transmissão fluídica realizada.

Para ajudar, deixaremos algumas orações para o momento do trabalho de passe. A primeira pede ajuda divina, com a movimentação dos fluidos. A segunda pede proteção para o trabalho espiritual que se inicia. A terceira é uma prece para encerrar, com agradecimento, o passe.

Oração para obter ajuda divina no passe

...... (diga o nome do filho) e eu,...... (diga seu nome),
necessitamos da vossa ajuda, Pai.
Enviai vossos fluidos divinos, capazes de curar, limpar e harmonizar, para mim,
de forma que eu os direcione para meu filho.
Sozinha tenho pouca força, mas, com a vossa ajuda,
serei capaz de proteger e guiar o meu filho.
Com a vossa força divina, irão embora:
a doença,
o medo,
a insegurança,
a tristeza,
a incapacidade,
a impaciência
e quaisquer outros males morais ou físicos
que possam abalar o meu filho.
Obrigada por me julgardes merecedora da vossa ajuda.

Oração para proteger o ambiente onde são feitos os passes

Neste lugar encontram-se espíritos
que me assistem na minha missão materna.
Aqui vou realizar um trabalho espiritual de valor,
aplicando um passe em meu filho.
Peço que um guia me assista durante todo o tempo,
para que nenhuma energia intrusa prejudique
a nossa atividade.
Fecho as portas para qualquer negatividade,
levanto muros contra qualquer oposição.
Agora vou ser um canal de proteção para o meu filho.
Vem comigo, guia de luz!

Oração de encerramento

Termino com alegria no coração e fortaleza na alma.
Obrigada pela ajuda que nos destes, Senhor.
Vossa força alimentou e protegeu o meu filho,
Recuperando suas defesas.
Agora, mais fortes, temos condições de
vencer os obstáculos e enfrentar os desafios.
Obrigada.

A água

O terceiro recurso defensivo, do qual a mãe poderá fazer uso sempre, é a água trabalhada com fluidos divinos. Essa água é abastecida, através de passes aplicados pela mãe, com fluidos que a tornam um veículo transmissor de defesas espirituais. A água assim trabalhada é chamada de água fluidificada. Esse tipo de água é oferecida nas casas espíritas, e é preparada pelos médiuns.

A mãe bem-intencionada, com uma conduta de vida correta, pode preparar a água fluidificada para todos os membros de sua família. Não se trata de uma simples água, como aquela que é preparada para tomar à refeição. Essa água é fortalecida por fluidos divinos, enviados por Deus, concentrados pela força do pensamento materno. Seu uso destina-se a ocasiões especiais, nas quais existe enfraquecimento da alma, com reflexos no corpo. Ela servirá para defender a família e recuperar quem tenha alguma doença do corpo ou do espírito.

Tanto a água fluidificada quanto os passes espirituais podem ser administrados pela mãe no lar. Embora possa haver discordâncias, devido ao receio de que essa atividade espiritual deixe a mãe exposta a inimigos do mundo dos espíritos, se ela estiver consciente de sua missão como educadora e levar uma vida digna, poderá fazer isso sem riscos.

Para preparar a água fluidificada, a mãe pega um copo com um pouco de água limpa e coloca-o sobre a mesa. Pode tampá-lo com um guardanapo branco. Se quiser, pode acender uma vela no ambiente. De pé, a mãe estende uma das mãos sobre o copo d'água, enquanto usa a força do pensamento para dirigir os fluidos divinos, que invoca, para a água. Ela poderá fazer isso usando uma oração, verbalizando as palavras, ou poderá apenas usar a expressão mental.

Sempre que aplica um passe ou fluidifica a água, a mãe precisa usar a força mental, imaginando que, de cima, recebe uma força divina, que penetra pelo alto de sua cabeça, e que essa força flui pelo seu corpo, indo pelo braço até sua mão. Quando os fluidos divinos chegam à mão, quase sempre se sente um pequeno formigamento, como se a energia estivesse sendo liberada. A mãe, nessa atividade, está mediando a ligação entre o filho e Deus; por isso pode ser chamada de médium.

Insistimos em que se use apenas uma das mãos, tanto no passe como na fluidificação da água, para evitar que o fluido transite pelo corpo todo, fechando um circuito, o que pode fazer com que um pouco da energia da pessoa que aplica o passe seja absorvida pela corrente fluídica, escapando de seu corpo. Quando acontece perda de fluidos, o médium sofre desenergização, podendo até adoecer no corpo ou no espírito.

ess...
poderá ...

A águ... que seu efeito já ... tual, essa água pode s... deverá ser preparada de u... jarra de porcelana. Já que len... ...o recipiente que contém a água, dev... ...opo precisa ser de vidro, cristal ou porcelana, ... plástico pode ser uma opção, embora seja um m... ...ore.

Embora tenhamos fornecido todas as explicaç... ...árias, achamos conveniente deixar um pequeno roteiro, de modo ... facilitar, para quem não tem muita prática, a preparação da água. Você pode estar certa, mãe, de que já fez isso em outras vidas. Não tema e vá em frente. Este roteiro é mais para tirar qualquer insegurança que ainda exista.

1. Separe um copo ou jarra com água limpa, para ser fluidificada. Tampe com um guardanapo branco.

2. Coloque uma de suas mãos sobre o copo ou jarra, numa atitude de respeito e em silêncio.

3. Invoque ajuda divina para que a água receba os fluidos.

4. Mentalize a energia começando a se condensar no topo da sua cabeça e penetrando em seu corpo por ali.

5. A energia flui até sua mão e você envia para a água os fluidos que recebeu.

sono, com a ajuda

copo ou jarra com água limpa, para ser fluidificada. um guardanapo branco e deixe sobre a mesa ao lado da cama de quem vai tomá-la, durante a noite.

2. Coloque uma de suas mãos sobre o copo ou jarra, numa atitude de respeito e em silêncio.

3. Invoque a ajuda de um guia espiritual de luz para que a água receba os fluidos.

4. Deixe a água durante toda a noite ali.

5. De manhã, agradeça ao espírito iluminado e a Deus pelo dom recebido e dê a água para seu filho tomar.

Para quem tem dificuldade em fazer as mentalizações necessárias, vamos deixar textos que podem ser lidos para cada fase de fluidificação da água. As palavras não precisam ser exatamente as mesmas, mas sei que há quem aprecie ter algo pronto para seguir.

Ao invocar ajuda divina para a fluidificação

Neste instante, Senhor, invoco a vossa proteção e amparo para o trabalho de fluidificação da água, que agora inicio. Com a vossa ajuda, ela se transformará em veículo para os vossos fluidos, que curam e protegem a alma e o corpo.

Ao agradecer pela fluidificação

Agora que terminou a minha tarefa, agradeço a vós, Senhor, por haverdes consentido que a água se torne plena de fluidos benéficos. Meu filho, ao tomá-la, sentirá o quanto sois Pai. Obrigada.

Ao invocar um espírito iluminado para que fluidifique a água

Espírito de luz, peço a vossa ajuda para fluidificar a água que irá permanecer neste copo durante a noite. Vinde, enviado pelo Senhor, para tornar essa água proteção e remédio. Obrigada.

O doutrinamento

Essa atividade é de grande ajuda à mãe quando ela sente que seu filho pode estar sendo assediado por espíritos negativos. É preciso que a mãe entenda que espíritos sem luz só acompanham quem deixou suas defesas espirituais num nível baixo. Isso acontece quando há fatores que abrem as portas da alma à negatividade. Antes de se preocupar com o espírito que assedia, é preciso corrigir a conduta que o atraiu, eliminando da alma a negatividade.

Entre os fatores que podem ser citados como causadores de contaminação espiritual, estão os vícios (a bebida e outras drogas) e os desvios sexuais. Os atos e palavras gerados por pensamentos e emoções fortes também baixam as defesas espirituais, principalmente quando existe raiva, inveja, ciúme, orgulho, ganância, impaciência. Algumas vezes existe assédio quando a pessoa freqüenta um lugar ou tem companhias que possuem espíritos obsessores. Já vi um caso de assédio, que se tornou uma obsessão forte, que começou quando a pessoa passou por um local onde havia um tiroteio, numa briga entre gangues, sendo que, nessa hora, um rapaz foi baleado e morreu. Seu espírito, de pouca luz, desorientado, procurou voltar à matéria através de um corpo; por isso, assumiu o primeiro que encontrou com as defesas abertas.

O assédio é um interferência negativa que se manifesta com perturbações espirituais menos graves que as da obsessão. No assédio, é como se o espírito ficasse ao lado da pessoa, incomodando. A obsessão é uma doença espiritual mais séria, pois o espírito consegue atravessar a proteção formada pelo perispírito e entrar na alma, assumindo, por períodos de tempo variados, o comando do corpo e da mente daquele que é sua vítima.

A obsessão espiritual exige o atendimento de médiuns treinados para afastar o espírito, o que é um trabalho arriscado que pode levar muito tempo até ser completado. O trabalho em grupo, com vários médiuns, é o mais indicado para esse problema, que comentaremos adiante com mais detalhes.

No caso do assédio proveniente de espíritos perturbados e de pouca luz, encarnados ou desencarnados, que encontram poucas defesas na alma de quem tentam incomodar, estes podem ser afastados pela mãe. Ela não precisa esperar até perceber que está acontecendo um assédio. Se a sua intuição lhe disser que há alguma interferência espiritual negativa, pode usar o doutrinamento para anular seus efeitos, orientando e guiando a alma perturbada que faz o mal.

Doutrinar é ensinar. Por isso, o que a mãe vai fazer é ensinar ao espírito assediador quais são as suas capacidades e o projeto de evolução que existe para ele. Ela conversa com esse espírito como se estivesse falando com alguém que está sentado na sua sala de visitas: polidamente, amavelmente, com serenidade. Ao terminar, faz algumas preces de sua religião ou de seu coração por essa alma perturbada. As orações dirigidas para um espírito sem luz são capazes de despertar na sua consciência pequenos lampejos de compreensão, o que o ajuda a sair da ignorância em que está mergulhado.

Quem pensa que, para lidar com um espírito de pouca luz, é preciso fazer teatro ou dar gritos, engana-se. Ao usar de energia negativa, alimenta-se a energia negativa. Para contrabalançar a negatividade, aplica-se energia positiva, com muitas preces, belas imagens mentais e força espiritual de alta qualidade, como a força da fé.

Se o filho não aceitar a idéia do doutrinamento, este pode ser feito à noite, enquanto o filho dorme, à porta de seu quarto, para não perturbar-lhe o sono. Para isso, podem-se usar palavras próprias e textos de instrutores espirituais inspirados, como Gandhi, Francisco Xavier e outros. Na Bíblia encontram-se vários textos bastante instrutivos que podem servir no doutrinamento, principalmente aqueles extraídos dos Evangelhos e do Livro dos Salmos.

O doutrinamento precisa incluir explicações claras e simples acerca das realidades do mundo espiritual, para que o espírito perturbado sinta que há pouca vantagem em permanecer no mundo material, uma vez que no mundo espiritual ele teria o acolhimento de outros espíritos e receberia a ajuda deles para evoluir. Os livros espíritas, principalmente os de Allan Kardec, que explicam essas verdades, podem ser lidos para doutrinar o espírito que assedia. *O Livro dos Espíritos*, do autor citado, contém as bases da compreensão do mundo espiritual, não sendo indicado apenas para quem professa a religião espírita. Aliás, Allan Kardec não considerava o Espiritismo uma religião, mas uma ciência, como se lê em seus textos.

Durante o sono

Comentamos anteriormente que o doutrinamento pode ser realizado durante o sono do filho, porque se verifica que, quando existem espíritos que o assediam, ele pode mostrar-se arredio a qualquer providência que afaste esses espíritos. Isso acontece porque é o espírito assediador que desperta na mente daquele a quem perturba a aversão às idéias que possam sugerir a sua presença.

Esse processo de atuar durante o sono da criança e do adulto funcionam bastante, e não apenas com relação ao doutrinamento. Quando alguém dorme, sua consciência atinge níveis de percepção diferentes, mas, ainda assim, está ativada. Mães de crianças pequenas podem conversar com elas enquanto dormem, falando sobre vários assuntos e passando mensagens positivas. Um exemplo prático disso: uma criança que não gosta de estudar. A mãe pode, durante várias noites, depois que o filho adormeceu, conversar com ele. Ela vai dizer, com voz audível e suave:

"Você é abençoado por poder estudar. O estudo irá torná-lo um homem de valor. Sempre que você faz uma prova, suas notas são boas, porque sua mente fica clara e alerta na hora em que a professora dá uma explicação. Sua escola é boa e lá você é feliz."

Pode parecer um recurso um tanto simples, mas dá muito resultado quando é realizado continuamente por um certo período de tempo. Assim como foi feito para o estudo, pode ser realizado algo semelhante para a alimentação (quando o filho é enjoado para comer), para melhorar o relacionamento entre irmãos, para dar coragem e tirar os medos, para dar alguma instrução moral, para afastar alguma mania. São muitos os problemas para cuja solução se pode ajudar através desse processo.

Os passes espirituais e as preces ao lado do filho que dorme trazem resultados excelentes em casos de doenças e assédios. Como esse trabalho espiritual exige intimidade e facilidade em participar da vida do filho, ninguém melhor do que a mãe para realizá-lo. Além de ser capaz de perceber as mudanças internas da criança ou do filho adulto, ela tem forças e autoridade divina para realizar a defesa da alma daquela a quem gerou.

Na doença

As doenças do corpo físico geralmente contêm um elemento espiritual que as desencadeou. Tratá-las também sob esse ponto de vista é muito útil para eliminar qualquer mal-estar orgânico.

Como começa a doença? Ela tem sua origem nas agressões sofridas pela alma, agressões essas que podem ser externas ou internas. A agressão externa parte quase sempre de entidades espirituais negativas, que atacam o espírito enfraquecido. A agressão interna é mais insidiosa, porque, neste caso, é o próprio ser quem se agride. O assédio é um tipo de agressão externa, enquanto a raiva é uma espécie de agressão interna.

Essas agressões, internas ou externas, atingem a alma. A partir daí, alteram a constituição do perispírito, que é um corpo sutil, sensível a qualquer ataque feito contra a alma. No perispírito acontece uma lesão, que ali permanece como uma marca. Ocorrendo várias agressões no mesmo ponto do perispírito, este acaba sendo danificado, criando um molde que dá origem à doença do corpo. O corpo sempre repete em suas condições físicas aquilo que é o perispírito.

Ao morrer o corpo, as lesões cujas causas na alma não tiverem sido tratadas permanecem. Essa é a explicação para o fato de algumas crianças apresentarem doenças congênitas. Seu perispírito tinha marcas provenientes de uma existência anterior.

Concluímos, portanto, que sempre é preciso tratar os desvios da alma para evitar que a doença física se manifeste. E quem melhor pode fazer isso? A mãe, é claro!

No atendimento à saúde do filho, a mãe vai usar os fluidos, que podem ajudar a melhorar a condição dos três corpos. Vamos explicar como isso pode ser feito, para que as mães leitoras possam receber as informações de que necessitam para começar a agir.

Já vimos que existem três grupos de fluidos, e estes são diferenciados entre si pelo nível de vibração, que pode ser mais ou menos sutil. Vamos recordá-los:

1) *Fluidos energéticos*: atuam sobre o corpo físico. Para usar esses fluidos é preciso um transmissor. Os cristais, a água do mar e dos rios, a terra, os alimentos e os remédios, o toque físico com pessoas e animais: todos são geradores e transmissores de fluidos energéticos.

2) *Fluidos vibrantes*: atuam sobre o corpo físico e sobre o corpo perispiritual. Esses fluidos se transmitem pelas vibrações das cores, dos sons, dos aromas, dos florais, das mandalas, do *prana*.

3) *Fluidos divinos*: atuam sobre a alma, o perispírito e o corpo físico. São os de vibração mais sutil. Sua transmissão é feita pelos passes espirituais, pela prece, pela água fluidificada.

A aplicação desses fluidos é simples, e basta que a mãe tenha vontade de ajudar. Alguns deles exigem algum aprendizado, mas não é nada que não possa ser encontrado em livros. O critério mais fácil para usar o fluido certo é verificar qual o corpo que precisa ser recuperado primeiro e qual o grau de intensidade da alteração apresentada.

Quando o corpo físico está mal, nunca se deixa de procurar orientação médica, mas podem-se aplicar alguns fluidos para ajudar na recuperação. A maneira correta de fazer isso é sentir qual a necessidade que o filho apresenta, usando a intuição e o conhecimento que se tem da sua natureza para selecionar o fluido a ser aplicado. Podemos citar alguns exemplos. Crianças com febre reagem positivamente a toques e massagens nos pontos do do-in, pois essas massagens são transmissoras de fluidos energéticos. Excesso ou falta de energia podem ser corrigidos com cristais, que também transmitem fluidos energéticos. Ansiedade, medo, excitação nervosa e falta de sono podem ser melhorados com aromas ou música, que são fluidos vibrantes. Doenças alérgicas reagem bem à aplicação das cores, outra espécie de fluidos vibrantes. Todos os problemas citados apresentam melhoras com o uso dos fluidos divinos, pois estes são os mais poderosos.

Já explicamos como usar os fluidos divinos, que são recursos defensivos, além de curativos. Basta seguir o método que descrevemos para aplicá-los. Os outros fluidos podem ser estudados, e depois cada mãe sentirá qual é o que melhor se adapta ao caso específico da doença do filho.

O filho deficiente físico

No capítulo anterior já falamos sobre filhos diferentes. Gostaríamos de comentar sobre alguns desses filhos, pois eles têm uma característica evolutiva importantíssima para os pais. O primeiro grupo de filhos diferentes é formado pelos deficientes físicos.

Quando os pais recebem a missão de zelar por um filho que tem uma deficiência física, a primeira reação é sentirem-se abatidos e desestimulados, pensando que seu filho terá menos chances na vida do que os outros jovens. Se tentassem primeiro compreender os motivos pelos quais seu filho optou por trazer a deficiência física como expiação e provação, fariam melhor. Um problema dessa natureza é aceito ou até desejado pelo espírito antes de sua encarnação. Recebendo uma condição física de dificuldade, a alma se aprimora e realiza um passo evolutivo importante. Em vidas subseqüentes, esse espírito terá, no físico, a perfeição, com o acréscimo de estar mais evoluído.

Alguns pais dizem que saber disso pouco adianta, uma vez que a dificuldade que vivem se dá no presente e é muito dura de enfrentar. A missão dos pais, quando vem com uma condição expiatória, traz resgates espirituais de valor também para eles. Por exemplo, suponhamos que um homem tenha causado, por atropelamento, a paralisia de outro ser humano. Ele fez isso por excesso de velocidade, não tendo sido intencional, mas isso não o livra da culpa. Como esse homem era um espírito de certa evolução, em vez de receber igual sofrimento numa vida posterior, foi-lhe designada a árdua missão de atender, agora, a um ser que não pode andar.

Qualquer deficiência traz consigo uma capacidade. Ao pai cabe a tarefa de estimular e ajudar o filho a descobrir essa qualidade, conseguindo expressá-la. Sempre que alguém manifesta uma capacidade, seu lado divino fica fortalecido. Os deficientes físicos podem ser tão úteis a si mesmos e à sociedade quanto qualquer outro homem, só que eles têm uma diferença: precisam dos pais para consegui-lo.

Em um dos cursos que ministrei recentemente, fora de Curitiba, um dos alunos, um rapaz ainda jovem, fazia muitas perguntas, entusiasmado com as novidades que estava descobrindo. Ele nunca tinha ouvido falar do mundo dos espíritos e das vidas sucessivas. Esse moço tem uma grande dificuldade para falar, problema que tentou tratar de várias maneiras, quase sem melhoras. Sua fala é, em alguns momentos, bastante difícil de entender. Ele me contou que conviveu com muitas dificuldades durante a vida por causa desse problema, principalmente na escola, onde era alvo de brincadeiras de mau gosto. Quando voltei para Curitiba, recebi dele uma carta emocionante, onde descrevia sua trajetória, desde a formação profissional como operário até chegar à universidade. O que me chamou a atenção na carta foi o modo como ele, apesar de ser tão segregado, criara valores espirituais próprios, nos quais não havia espaço para nenhuma revolta contra seus agressores. Certamente esse rapaz, que diz que agora é meu filho, o que muito me honra, tem um espírito quase pronto e está só terminando com algumas pequenas imperfeições. É provável que, numa próxima encarnação, ele venha com a capacidade de usar o dom da oratória para encantar multidões.

Deixaremos um pequeno roteiro para dar uma idéia do tipo de ajuda espiritual que a mãe pode prestar ao filho quando ele tiver uma incapacidade física, mesmo que temporária.

Ajuda espiritual para filhos deficientes físicos

1. Conversar desde cedo com a criança sobre a razão espiritual da sua dificuldade física, para não deixar surgir uma revolta em seu espírito, em virtude da situação. Uma alma revoltada pode não resgatar sua dívida e voltar em mais uma encarnação com uma deficiência física.

2. Evitar demonstrar desânimo, revolta ou irritação com as dificuldades criadas pela situação dele. Uma aceitação resignada, mas ativa, é a postura mais positiva da mãe diante da situação.

3. Atender à parte material, no que for possível, providenciando conforto, aprendizado e lazer adequados.

4. Os fluidos podem ser usados assim:

– para as dores: fluidos energéticos dos cristais e passe espiritual da mãe ou do pai.

– para a revolta: fluidos vibrantes da aromaterapia ou dos florais de Bach, preces da mãe ou do pai.

– para o desânimo: fluidos energéticos da natureza, como a água, contato com a terra e as árvores, água fluidificada.

– para manifestar suas qualidades e despertar suas capacidades: preces da mãe ou do pai, fluidos vibrantes da musicoterapia.

– para acelerar uma melhora, se ela é possível: passes espirituais da mãe ou do pai, fluidos energéticos da água e dos toques físicos diários (massagens).

– para o assédio espiritual: fluidos energéticos de lugares ventilados, doutrinamento espiritual e passes da mãe ou do pai.

5. A mãe e o pai não podem esquecer a sua vida pessoal, reservando algum tempo para si.

O filho dependente

Este é outro, dentre os tipos de filhos diferentes, que costuma angustiar muito os pais, pois estaciona em determinada época da vida e parece que não vai adiante.

Há vários tipos de dependências e com vários níveis. Quando a dependência foi causada pela educação, na qual elementos de insegurança fizeram surgir na estrutura psíquica da criança uma idéia de que ela era incapaz, essa dependência é artificial, podendo ser eliminada com um bom tratamento psicológico. Nesse tipo de dependência a culpa é dos pais. Quanto mais abastada a família, mais dependentes ficam os filhos, pois as condições para que não se tornem livres são proporcionadas pelos próprios pais.

Nas classes trabalhadoras mais humildes, uma criança de dez anos é capaz de cuidar da casa enquanto a mãe vai trabalhar, atendendo aos irmãos menores e fazendo o serviço doméstico. Contudo, numa família de classe média a mãe tem medo de deixar um filho dessa idade em casa. O resultado que temos visto é que os jovens da classe média, principalmente os rapazes, entram em crise quando vêem que a hora de assumir as responsabilidades está chegando. Eles ficam quase paralisados, sem conseguir definir-se por uma profissão, e nem querem saber de casar. Conheço muitos estudantes com mais de 30 anos que já mudaram mais de uma vez de curso na faculdade, sentindo-se ainda indefinidos e preferindo ficar na dependência dos pais.

A independência é o resultado de um treinamento que começa cedo, logo que a criança nasceu. Ela é um presente que o pai dá ao filho. Muitos pais acham mais fácil fazer as coisas pelos filhos do que ensiná-los a lutar por elas. Isso pode ser chamado de "preguiça educativa". Outros enchem os filhos de medo, gerando uma dependência que está alicerçada na sua insegurança pessoal. Estes não confiam na proteção de Deus e na educação que deram aos filhos.

Existem, por outro lado, outros filhos dependentes que já vieram assim ou se tornaram assim devido a condições alheias à educação. Esses podem ser tratados como os filhos deficientes físicos, pois se encontram numa condição de expiação muito intensa.

Ajuda espiritual para filhos dependentes

1. Rever conceitos, entregando responsabilidades ao filho, na medida em que ele for capaz de assumi-las. Não se importar quando ele fizer tudo errado, pois está em treinamento.

2. Insistir na necessidade de ele seguir seus próprios rumos, não facilitando com atitudes do tipo "corpo mole".

3. Trabalhar com preces a sua confiança íntima nas capacidades que existem no filho, ainda que por enquanto ele não possa expressá-las. Confie realmente em que ele vai chegar à independência – seus pensamentos poderão operar milagres. As preces devem ter esta linha de pensamento:

"Meu Deus, sei que meu filho é perfeito e que possui em si todas as qualidades que meu Pai, em sua bondade infinita, lhe deu. Falta a ele apenas expressar em atos essa perfeição. Peço que ilumine a sua mente, fazendo com que isso aconteça logo. Seu caminho está traçado e irá realizar-se, com certeza."

4. Invocar, com preces, o anjo da guarda do filho.

5. Outros fluidos podem ser usados assim:

– usar os fluidos vibrantes das mandalas, deixando uma mandala sempre no ambiente, de modo que possa ser vista todo dia pelo filho.

– selecione frases positivas e leia-as em voz alta, diariamente.

– para dar maior impulso e afastar o medo, use os fluidos vibrantes dos florais.

6. Os exercícios respiratórios e as caminhadas fazem bem e dão disposição àqueles que apresentam tendências depressivas.

O filho com mente excepcional

Entre os filhos diferentes, esse grupo se destaca pela lição de amor que representa. Embora traga dificuldades, quase nunca elas são tão dolorosas como nos outros casos. A mente do excepcional é pacífica, amorosa e doadora. Um filho assim abastece toda a família com energia espiritual de qualidade positiva.

As provações desse filho diferente serão pequenas se tiverem a bênção de ter pais realmente missionários e compreensivos. Quando encontram desamparo, eles podem sofrer, e essa costuma ser a maior preocupação dos pais: quem ficará responsável pelo filho quando eles não estiverem mais aqui na Terra?

Como já comentamos no caso dos filhos deficientes físicos, é de grande importância para a mãe ter uma vida com espaço para sua individualidade, sabendo dosar as atenções que dedica a seu filho excepcional. Por outro lado, um pouco de desapego também fará bem ao filho, motivando nele alguma independência e responsabilidade.

Tem sido observado que alguns espíritos muito evoluídos encarnam com mentes excepcionais para poderem dedicar-se a um trabalho espiritual do qual temos pouco conhecimento, mas que represente um amparo bastante necessário para a humanidade. Assumindo essa característica mental, eles estão desobrigados de usar a energia de sua mente em outras atividades de característica mundana. Há grupos de homens que encarnam com essa finalidade, cuja força mental pacífica equilibra a energia altamente material do nosso planeta.

Ajuda espiritual para filhos excepcionais

1. Desenvolver uma atitude de tranqüilidade e de aceitação com relação ao filho diferente.

2. Não tentar escondê-lo ou afastá-lo do convívio social.

3. Compreender que suas provações serão quase nulas se tiver o amparo familiar.

4. Eles reagem bem aos passes espirituais e às preces, conseguindo curar-se rapidamente de pequenos males físicos com o uso dos fluidos divinos, aos quais estão bem adaptados.

5. Um ambiente no qual a alegria e a felicidade predominam é o melhor reforço energético para esses filhos.

O filho que perdeu a liberdade

Algumas mães têm filhos que estão encarcerados. Elas sabem que houve um erro de conduta grave e que a lei foi transgredida, mas o coração materno consegue ver os lados positivos da alma que acolheu e que sofre. Ninguém quer ver um filho preso, quer ele seja acusado injustamente ou por ser realmente culpado.

Algumas mães de encarcerados têm a mania de remoer as lembranças passadas, revivendo seus erros. Ficam pesando os pontos positivos de sua atuação materna contra os negativos. Viver o passado não adianta mais, nada vai voltar. Ver o que é possível fazer para a frente é a melhor e mais positiva atitude.

Todos respondem pelos próprios erros. Se a perda da liberdade é uma forma de quem errou explicar um crime cometido, essa também é a forma sofrida de seu espírito crescer. Pagando nesta vida, talvez fiquem poucas dívidas para as encarnações futuras.

A mãe pode colaborar com o filho encarcerado explicando-lhe que ele tem dívidas espirituais a saldar e que, quando terminar de cumprir sua pena, terá um caminho limpo para trilhar. Ajude também a eliminar qualquer sentimento de vingança ou revolta que se manifeste, pois estes atrasam ainda mais o progresso da alma.

Na prisão, a presença de entidades espirituais negativas é uma constante. A contaminação que ocorre é quase inevitável, e o melhor é que a mãe fique bastante firme e reforce constantemente a alma de seu filho com fluidos enviados a distância. Para isso, as preces dão excelente resultado, mas o doutrinamento é essencial.

Para proporcionar defesa a distância a mãe agirá em sua casa, procurando ficar isolada e tranqüila. Se puder estabelecer um horário, com dia certo para trabalhar a alma do filho de longe, em breve contará com a ajuda de entidades espirituais que se apresentam espontaneamente, colaborando, ainda que a mãe não possa percebê-las.

Inicie com a prece do Pai-Nosso ou por outra prece dirigida a Deus. Mentalize, a seguir, o filho que está encarcerado. Veja-o andando em algum lugar aonde ele gostava de ir. Peça a Deus que lhe permita em breve voltar a ter esse prazer. Faça algumas preces para reabastecer sua força espiritual e, a seguir, dirija algumas palavras de doutrinamento aos espíritos que porventura estejam a assediá-lo. Ore também por todos os companheiros de cárcere do seu filho. Termine com uma oração de proteção para invocar sua integridade física dentro da cadeia.

Ajuda espiritual para o filho que perdeu a liberdade

1. Proceda à defesa a distância, descrita acima.

2. Use os fluidos energéticos das cores para criar a visualização de um cone protetor que envolve seu filho permanentemente na prisão em que está. Esse cone pode ser na cor azul, branca ou lilás.

3. Se possível, ao visitá-lo, aplique um passe nele e naqueles companheiros que quiserem.

4. Caso possa, leve uma garrafa com água fluidificada para ele tomar durante a semana.

5. Se ele aceitar, leve algum livro com conteúdo espiritual para sua leitura. Os ensinamentos sobre os motivos de uma encarnação podem despertar em sua alma esclarecimentos que motivem a evolução que ele precisa realizar.

O filho com obsessão espiritual

A obsessão espiritual é uma doença da alma. Ela se manifesta pela alteração súbita da personalidade do indivíduo, sem que haja elementos psicológicos que a expliquem. A aproximação de uma entidade negativa sempre pode ser evitada com atitudes corretas e uma vida onde não haja lugar para pensamentos e sentimentos negativos. Quando existe algum desvio que deixa a alma exposta, o espírito sem luz aproveita para se infiltrar.

Os vícios também abrem as portas da alma aos espíritos obsessores. O envolvimento constante com pessoas de má conduta, que possam estar espiritualmente contaminadas, é outra causa das obsessões. O relacionamento sexual sem base no amor, por interesse ou com infidelidade, é uma causa freqüente desse problema. Há também uma obsessão gerada pelo excesso de atividades, com desgaste físico que termina por enfraquecer a aura.

Outros indicadores da existência de obsessão: amnésia durante pequenos períodos, dores de cabeça muito intensas, irritação injustificada e permanente, aversão total aos temas espirituais.

A mãe é, geralmente, a primeira a perceber que existem alterações na conduta de seu filho. Ela pode até dizer que em determinados momentos não é ele quem está ali, fazendo ou falando alguma coisa.

A obsessão ocorre mais comumente na fase da adolescência e na idade adulta, embora existam crianças com ataques espirituais bastante sérios.

Para tratar uma obsessão é necessário persistência e envolvimento. De início o obsedado não vai querer participar; mas depois de algum tempo é indispensável que ele também se envolva na cura. A ajuda externa é um primeiro passo, mas a erradicação do obsessor depende de uma vontade interna que fecha as portas da alma a qualquer interferência espiritual nociva.

O atendimento de uma obsessão envolve a aplicação de todos os fluidos divinos, e a mãe, nessa hora, pode ter um papel importantíssimo. O doutrinamento deve ser realizado por um médium treinado, que tenha argumentos e paciência, aliados a muita firmeza moral. Quando não é íntegro, o médium pode tornar-se ele próprio uma vítima do espírito obsessor.

Qual seria o papel a ser desempenhado pela mãe? Primeiramente, pode ser ela quem faz a constatação, pois está interessada no filho e o ama. Tendo percebido a obsessão ela poderá encaminhar a uma casa espírita o jovem assediado, para que seja bem atendido. Em seguida, continua a ajudar o filho, transmitindo-lhe fluidos através de preces, passes e fazendo sua instrução espiritual.

Ajuda espiritual para o filho que sofre uma obsessão

1. Leve-o para alguma casa espírita da Federação Espírita Brasileira onde haja um grupo que faça o trabalho de atendimento a obsedados.

2. Em casa, aplique passes e faça por ele muitas orações de proteção, reforçando suas defesas.

3. Quando for possível, dê-lhe instrução sobre os temas espirituais. Escolha principalmente textos que falem sobre o modo como as atitudes, pensamentos, sentimentos e palavras negativas podem deixar a alma exposta.

4. Se o filho não aceitar o passe nem a instrução espiritual, faça-os na porta de seu quarto, enquanto ele estiver dormindo.

5. Instrua-o sobre os estados alterados de consciência provocados pelo uso de drogas, os quais além de deixarem o espírito indefeso, costumam atrair espíritos malévolos.

O filho drogado

A mãe que tem um filho com vícios passa por uma das expiações mais árduas. O uso das drogas está anulando parte da juventude produtiva. Uma recente pesquisa estabeleceu que, antes de usar outras drogas, o jovem brasileiro consome álcool. E o pior é que o consumo se inicia, entre a maioria dos pesquisados, por volta dos dez aos doze anos de idade! A partir do hábito de beber, segue-se a busca das novidades e vem a cola de sapateiro, a maconha, o *crack*, a cocaína e outras drogas.

Este é um problema com implicações espirituais muito sérias, porque sempre envolve a obsessão espiritual. Ou a obsessão é a causa do vício, ou através do vício a alma fica exposta à influência de entidades espirituais negativas que a invadem.

A mãe que tem um filho que faz uso de drogas, paralelamente ao tratamento médico que irá desintoxicar seu filho, vai precisar buscar socorro para poder cuidar de sua obsessão espiritual. Ela sozinha não dará conta do problema da obsessão.

Por outro lado, a mãe poderá fazer muito para amparar o jovem. Sua fé, amor e insistência acabarão por trazer algum resultado. Nesse caso, existe a necessidade de insistir muito, sempre acreditando que haverá um final positivo, pois pode realmente ser assim.

O filho que usa drogas precisa ser tratado com firmeza e com atitudes disciplinadoras, e para isso é preciso manter o amor e a proximidade o quanto for possível. Ceder às vontades, aceitar atitudes destrutivas não é amar; nunca aceite, portanto, que ele faça com sua vida o que quiser. Insista muito, afirmando constantemente o seu amor, mas mantenha o tempo todo a atitude de que certas coisas não são admitidas dentro de casa. Se houver comportamentos inaceitáveis, deixe claro que no seu espaço pessoal, não há tolerância para esses procedimentos.

Ajuda espiritual para o filho que usa drogas

1. Atendimento da obsessão espiritual com a ajuda de médiuns capacitados, dentro de uma instituição idônea.

2. Demonstrações de amor e firmeza, na medida do que for merecido.

3. Instrução espiritual, quando possível, sobre as conseqüências da alteração da consciência durante o uso das drogas.

4. Não admita o uso de drogas em casa, pois você também poderia ficar muito assediada.

5. Não havendo diálogo, insista com preces. Sugerimos a prece abaixo, pois é antiga e muito forte. Faça essa oração várias vezes por dia quando houver um período de crise ou quando seu filho aparecer drogado na sua presença.

Oração de um pai ou de uma mãe por um filho desregrado
(das Horas Marianas de 1885)

Salvador e redentor dos homens, que restituístes a uma inconsolável mãe o filho único cuja perda chorava, e que, debaixo do símbolo do pai do filho pródigo, quiseste mostrar vossa misericórdia para com os filhos que andam desencaminhados, chamai a vós o meu, que se apartou da vereda da virtude e caminha pela estrada da perdição. Alumiai-lhe o entendimento envolto nas trevas do erro, de vós esquecido e propenso a grandes desvarios. Tocai-lhe o coração endurecido na culpa, dai-lhe lágrimas de compunção, para que chore o mal que fez, abra, enfim, os olhos à luz, se lance nos braços da vossa misericórdia, como outro Agostinho, e abrace os rigores da penitência, como Madalena, a quem muitos pecados foram perdoados por ter amado muito. E se, por culpa minha, se acha ele em tão infeliz estado, perdoai-o e a mim também, concedendo a ambos nós uma sincera dor por vos termos ofendido, emenda para o futuro e a graça de não vos tornarmos a ofender. Amém.

6. Faça sobre o filho, enquanto adormecido, um passe bem prolongado, inundando o seu próprio coração de fé e esperança. Insista sobre os seguintes pontos: alto da cabeça, garganta, coração, estômago e ventre. Faça movimentos do alto para baixo.

O filho missionário

É uma missão duplamente importante a dos pais que recebem, para educar, um filho que traz uma missão espiritual. Sua tarefa é duplicada porque, além de terem responsabilidade sobre o filho, têm responsabilidade para com um grupo de pessoas que, em algum momento, será beneficiado com a missão que ele veio desempenhar. A missão é um trabalho que poderá trazer benefícios para muitas almas. Imagine só a responsabilidade dos pais de Gandhi ou de Picasso, por exemplo.

Quando criança, o filho missionário costuma ser muito fácil de ser criado. Ele é alegre, bem-disposto, normalmente tem boa saúde, gosta de aprender coisas novas. Na adolescência, poderá dar muito trabalho, mas o contrário – ser tranqüilo – também poderá acontecer. Na fase adulta ele necessitará de constantes defesas por parte da mãe, pois haverá muitos espíritos negativos tentando impedir seu progresso ou o cumprimento da missão à qual está destinado.

Todos os desvios pelos quais um missionário passa podem ser prevenidos durante a educação, dando especial atenção à correção das atitudes de orgulho ou vaidade, à ganância, à inveja e ao medo.

Há vários tipos de missionários. Alguns se encaminham para sua missão através de uma atividade profissional, enquanto outros sentem de repente o apelo para a missão, vindo o chamado até na idade madura. Os missionários podem-se dedicar à cura e, nesse caso, teriam atividades profissionais tais como médico, enfermeiro, psicólogo, terapeuta alternativo, massagista. Há missionários que vêm para estimular seus semelhantes e aliviar-lhes o sofrimento através da beleza; entre estes encontramos os artistas de todas as áreas. Quem traz alívio para as almas através da alegria também tem uma função de missionário; podemos então considerar que estão encarregados de uma missão os atletas e os comediantes. Uma outra classe de missionários trabalha para melhorar a alma de seus semelhantes dando apoio espiritual e transmitindo o saber; dentre estes podemos destacar os professores em geral, os médiuns e os sacerdotes.

A mãe de um missionário terá vital importância defensiva quando ele estiver plenamente envolvido com sua atividade, pois é nessa época que surgem os ataques espirituais. A atenta observação da conduta pessoal continua sendo essencial por toda a vida, principalmente no caso daqueles que atingem alguma projeção e obtêm sucesso no que fazem.

Ajuda espiritual para o filho missionário

1. Instruir moralmente o filho e orientá-lo durante toda a vida, quando sentir que ele falha nas suas atitudes. Ensine-o a ser humilde no sucesso e caridoso na distribuição de seus dons especiais.

2. Orar permanentemente por esse filho diferente pois, como ele tem uma evolução dupla, é também duplamente vulnerável.

3. Ajude-o a reequilibrar-se física e espiritualmente com a aplicação de fluidos energéticos e vibrantes, variando bastante, pois ele

se acostuma depressa com um fluido, passando a obter dele menos benefícios com a repetição.

4. A melhor maneira de um missionário se defender é receber ajuda de outro missionário, que sabe bem como ele está enfraquecido e como os ataques espirituais se processam com quem tem uma missão.

5. A água, a terra, o ar e o fogo têm função revitalizante especial, e o missionário precisa aprender como utilizá-los.

6. Mostre para ele como o sorriso afasta para longe a depressão, como a água fluidificada elimina o medo e como o perdão afasta a inveja.

O filho sem problemas

Já vimos como é encarado qualquer tipo de dificuldade, que os pais costumam chamar de cármica, em relação aos filhos. Mas, na verdade, a dificuldade com um filho é produto da grande diferença que existe na evolução dos membros de uma família que não possuem desenvolvimento espiritual semelhante. Quando acontece haver um distanciamento evolutivo, cada um pensa de modo diferente, age de modo diferente e se expressa de modo diferente. Seria muito simples se todas as famílias fossem compostas por pessoas de nível evolutivo quase igual. Do ponto de vista evolutivo, nesse caso, a tendência seria permanecerem todos estacionados. A diferenciação estimula, e faz com que todos possam influir na evolução uns dos outros.

Há filhos que trazem missões espirituais; há filhos com problemas físicos; há filhos com muita paz para os pais. Na verdade, todos os filhos nasceram para passar por alegrias e problemas, e esperar que fosse diferente, só para você, seria querer criar uma realidade que não existe.

Não existe filho sem problemas, e está aí o grande desafio que os pais vão enfrentar por toda uma vida.

Nunca desista!

Uma missão não pode ser negada – quem faz isso atrai para si todo tipo de negatividade. A missão materna protege a mãe, eleva sua alma às alturas e permite que ela realize um trabalho que é dos mais belos na vida de uma pessoa.

Quando acontecerem os problemas, use de paciência e fé para superá-los, mas nunca, em hipótese alguma, deixe de crer que qualquer situação que existe no mundo pode ser mudada. Não desista de um filho, mesmo que ele seja a fonte dos maiores sofrimentos da sua vida. Lute ao lado dele, compreenda sua dificuldades, entenda seus limites. Mas não faça as coisas no lugar dele, nem aceite menos do que ele é capaz de fazer.

Estimule-o quando ele parecer desistir, mostre o outro lado das questões, faça-o pensar para a frente. Faça dele um vencedor com valores não-materiais, deixe que ele se alegre por ser jovem. Mas não ceda na disciplina, critique atitudes fracas e caminhos fáceis demais, insista na honestidade interior.

Será que isso chega? Não!

Ame-o mais que a vida e, por amá-lo assim, entregue-o a ela.

CONTATO COM GUIAS ESPIRITUAIS
Pequeno Manual de Canalização

Celina Fioravanti

O que é canalização... Em que condições ela pode ser realizada... Os diversos tipos de contatos que podem ser estabelecidos através dela... As diferenças entre canalização e mediunidade...

Esses são alguns dos assuntos sobre os quais versa este primeiro livro de Celina Fioravanti, cuja leitura aproveitará muito a todos os que se interessam pelos diferentes tipos de comunicação com o mundo dos espíritos.

De todas essas questões, sem dúvida a que primeiro se apresenta ao leitor é a de como estabelecer as diferenças entre canalização e mediunidade ou transe mediúnico, o que não é difícil, pelo menos em teoria.

Fruto de anos de atividade na prática e no ensino de diversas correntes espiritualistas, neste livro a autora divulga, num estilo despretensioso mas cheio de interesse, não apenas o que é canalização, mas também as qualidades exigidas para exercê-la com acerto e as normas que devem ser seguidas para praticá-la com proveito.

Uma das primeiras afirmações da autora sem dúvida despertará em muitos leitores a vontade de se iniciar ou de adquirir novos conhecimentos sobre o assunto, já que "não é nada difícil nem espetacular a tarefa de um médium canalizador, e todas as pessoas podem fazê-lo, pois estão dotadas da capacidade necessária para tal".

A CURA PELOS FLUIDOS

Celina Fioravanti

Os fluidos universais são matéria sutil e etérea. Eles contêm a energia divina, que tudo permeia. Quando uma pessoa adoece, tem a natureza de seus fluidos físicos alterada e perde a capacidade de renová-los. Mas antes que a doença se manifeste no corpo físico, já aconteceram alterações graves na alma e na aura da pessoa.

A cura com os fluidos tem sua aplicação antes e depois que o mal se instala, permitindo, através dos vários fluidos existentes, mudar as condições do corpo físico e espiritual. Para conseguir aproveitar essa magnífica força curativa, é preciso compreender o que cada fluido pode fazer, conhecendo até onde vai a sua influência. Este é o objetivo de *A Cura pelos Fluidos*.

Os fluidos aqui apresentados estão agrupados em três grandes grupos: os energéticos, os vibrantes e os divinos. O leitor poderá conhecer como atuam os cristais, as trocas energéticas, o toque físico, os raios de luz, as ondas sonoras, os aromas, entre outros fluidos. Também terá orientações precisas de como fazer uso dos fluidos que tratam a alma e que são os mais sutis.

A cura pelos fluidos é um dom divino. Ela se destina a toda a humanidade, que não necessita de nada mais do que de fé, de vontade e merecimento para ter uma vida saudável.

* * *

Da mesma autora, a Editora Pensamento já publicou: *Contato com Guias Espirituais*, *Causas Espirituais da Depressão*, *Os Curadores do Espírito* e *Uma Parcela de Deus*.

EDITORA PENSAMENTO

OS CURADORES DO ESPÍRITO

Celina Fioravanti

Ninguém nasce sem um objetivo. Nenhum ser vem ao mundo sem uma tarefa a cumprir. Todos têm assuntos a tratar aqui, e o sucesso ou o fracasso das tentativas que fazem para evoluir dependem justamente da sua dedicação e esforço durante a vida.

O objetivo do nascimento do espírito num corpo físico é trabalhar para alcançar a perfeição. Esse trabalho pode ser realizado através da expiação ou de uma missão previamente escolhida.

Há, porém, um grupo de pessoas que abriga no seu espírito algo mais que a simples necessidade de progredir. Essas pessoas nasceram para influenciar positivamente os que as procuram usando de uma habilidade especial, em geral ligada às artes, aos esportes, ao ensino, ao cuidado com a saúde ou à religião. Sua dedicação à tarefa que escolheram é tanta que, às vezes, elas se esquecem de cuidar de si próprias, criando para si mesmas situações desagradáveis que precisam aprender a evitar.

É a essas pessoas — artistas, pintores, poetas, compositores, esportistas, cientistas, astrólogos, fisioterapeutas, médiuns, sacerdotes, professores, etc. — que Celina Fioravanti dedica este livro.

A autora de *Contato com Guias Espirituais* ensina-nos agora a avaliar devidamente o trabalho desses seres iluminados, encarregados de uma tarefa especial, a de limpar o karma da humanidade num mundo cada vez mais necessitado de beleza, de alegria, de reflexão e de bem-estar físico e espiritual.

EDITORA PENSAMENTO

CAUSAS ESPIRITUAIS DA DEPRESSÃO

Celina Fioravanti

O amor à vida é o bem mais precioso do ser humano.

No entanto, quantos já o perderam devido ao angustiante problema da depressão?

Só quem já teve uma crise de depressão pode avaliar como essa doença é assustadora. E tanto o doente quanto os que com ele convivem conhecem a necessidade de buscar auxílio.

Embora a autora de *Causas Espirituais da Depressão* aborde o problema de um ponto de vista espiritual, ela enfatiza que, sem ajuda médica e psicológica, é quase impossível solucioná-lo.

Considerando que grande parte da recuperação do bem-estar do doente depende, na verdade, dele mesmo, a autora incluiu em seu livro uma série de exercícios práticos, de reflexões e projetos de atendimento destinados a ajudá-lo nessa tarefa.

Como afirma a autora na introdução deste livro, todos os conceitos aqui expostos sobre a depressão e seu tratamento espiritual são formulados a partir da convivência com as pessoas que a procuram. Com a ajuda de seus guias espirituais, Celina Fioravanti colabora para minorar o sofrimento de todos os que sofrem e resgata o amor à vida, sem o qual é impossível viver uma vida saudável, plena e feliz.

* * *

Da mesma autora, a Editora Pensamento já publicou *Contato com Guias Espirituais*, *A Cura pelos Fluidos*, *Os Curadores do Espírito* e *Uma Parcela de Deus*.

EDITORA PENSAMENTO

MANUAL PRÁTICO DO ESPÍRITA

Ney Prieto Peres

O processo de mudança interior tem sido um imperativo a que nos vimos submetendo há séculos, durante existências e existências, no plano corpóreo e nos planos espirituais. Participar, de modo produtivo e consciente, do contexto evolutivo que nos impulsiona, inapelavelmente, para a integração com a Inteligência Suprema Universal é o único caminho a seguir.

Todas as tentativas enganosas, exteriores e incompatíveis com a realidade do espírito que nos anima aqui e agora, hoje e sempre, já nos fizeram errar muito, pois, para transformar a humanidade, teremos de começar por mudar a nossa própria esfera de preocupações, agindo sobre o mundo emocional e individual de modo a conduzir e a disciplinar nossos impulsos e reações.

A doutrina espírita leva-nos à vivência dessa dinâmica de transformação. Ela esclarece, ensina, redime, consola e transforma. Segundo a afirmação de Allan Kardec — "Reconhece-se o verdadeiro espírita pela sua transformação moral e pelo esforço que empreende no domínio das más inclinações".

O *Manual Prático do Espírita* é um roteiro escrito para orientar todos os que estiverem dispostos a participar decididamente da transformação da Humanidade, impulsionando o processo evolutivo dentro de si mesmos e escolhendo como modelo a ser imitado o meigo Nazareno — "Caminho, Verdade e Vida" — cujos exemplos e ensinamentos devem constituir a única norma a ser seguida para nos prepararmos, a nós e ao mundo em que vivemos, para o 3.º Milênio que se aproxima.

EDITORA PENSAMENTO

HISTÓRIA DO ESPIRITISMO

Ocorreu, por volta de 1787, um caso que deixou o mundo perplexo: a mediunidade de Swedenborg. Desde então, o Espiritismo vem, através de lutas e vitórias, desenvolvendo-se assustadoramente num movimento considerado importante na história do mundo. É desnecessário apresentar Conan Doyle ao público ledor brasileiro, sobejamente conhecedor de seus romances policiais, traduzidos nos mais diversos idiomas. Bastaria, para justificar este oportuno lançamento da Editora Pensamento, o fato de Sir Arthur Conan Doyle ter sido Presidente de Honra da Federação Espírita Internacional, Presidente da Aliança Espírita de Londres e Presidente do Colégio Britânico de Ciências Psíquicas.

Espíritas ou não, todos lerão este livro, uns em busca de ensinamentos para sua doutrina, outros ávidos de conhecimentos. O estudo é meticuloso: Conan Doyle rebuscou fatos e episódios sensacionais para encaixá-los nesta obra. As narrativas serenas que nos apresenta são o atestado incontestável do seu talento de historiador; embora seja adepto da doutrina, não hesita em fazer crítica construtiva quando necessário. A seqüência magnífica e bem concatenada dos capítulos: A História do Espiritismo — A História de Swedenborg — A Carreira das Irmãs Fox — Ectoplasma — As Pesquisas de Sir William Crookes — A Carreira de Eusapia Palladino — Grandes Médiuns de 1870 a 1900: Charles H. Foster, Mme. d'Esperance, William Eglinton, Stainton Moses — A Sociedade de Pesquisas Psíquicas — Investigações Coletivas Sobre o Espiritismo — foi enriquecida, nesta obra, com fotografias dos mais célebres médiuns e adeptos da doutrina.

O lançamento desta obra pela Editora Pensamento, constitui magnífica oportunidade de enriquecimento para a Biblioteca Espírita do país, oportunidade aguardada ansiosamente pelos estudiosos e praticantes desta maravilhosa doutrina cristã.

EDITORA PENSAMENTO

...ras da autora:

CONTATO COM GUIAS ESPIRITUAIS - Pequeno Manual de Canalização

A CURA PELOS FLUIDOS

OS CURADORES DO ESPÍRITO

CAUSAS ESPIRITUAIS DA DEPRESSÃO

Outras obras de interesse:

ESPÍRITO, PERISPÍRITO E ALMA
Hernani G. Andrade

GUIAS ESPIRITUAIS - Não Estamos Sozinhos
Iris Belhayes com *Enid*

HISTÓRIA DO ESPIRITISMO
Arthur Conan Doyle

MANUAL PRÁTICO DO ESPÍRITA
Ney Prieto Peres

O QUE É O ESPIRITISMO
Allan Kardec

O LIVRO DOS ESPÍRITOS
Allan Kardec

MEDIUNIDADE SEM LÁGRIMAS
Eliseu Rigonatti

PASSES E CURAS ESPIRITUAIS
Wenefledo de Toledo

PRECES ESPÍRITAS
Diversos

Coleção "Edgar Cayce"

O CRESCIMENTO ATRAVÉS DA CRISE PESSOAL
Harmon Hartzell Bro e *June Avis Bro*

DESPERTANDO SEUS PODERES PSÍQUICOS
Henry Reed

REENCARNAÇÃO
Reivindicando o seu Passado, Criando o seu Futuro
Lynn Elwell Sparrow

SONHOS - Respostas desta Noite para as Dúvidas de Amanhã
Mark Thurston

Peça catálogo gratuito à
EDITORA PENSAMENTO
Rua Dr. Mário Vicente, 374 - Fone: 272-1399
04270-000 - São Paulo, SP